[G]UERRE DE PRUSSE

HISTOIRE DIPLOMATIQUE ET MILITAIRE

DE LA CAMPAGNE DE 1870

par

J. CHANTREL

PARIS

VICTOR PALMÉ, LIBRAIRE-ÉDITEUR

RUE DE GRENELLE-SAINT-GERMAIN, 25

BRUXELLES	ROME
H. GOEMAERE, ÉDITEUR	LIBRAIRIE DE LA PROPAGANDE
Rue de la Montagne	Dirigée par le Chevalier Marietti
LYON	LONDRES
N. JOSSERAND, ÉDITEUR	BURNS, OATES ET Cⁱᵉ ÉDITEURS
Place Bellecour	17, Portman Street

1870

PRÉFACE

eux grands peuples, les premiers peuples militaires
monde, se heurtent l'un contre l'autre sur les champs
bataille : l'un combat pour obtenir la suprématie en
ope, l'autre pour rétablir l'équilibre rompu ; l'un
t couronner par une dernière victoire une série de
quêtes et de violentes spoliations, dont le succès a
né le monde, l'autre veut arrêter par un grand coup
ours de ces insolents triomphes et de ces iniques dé-
ppements de la puissance matérielle ; l'un veut l'asser-
ement, l'autre la liberté.

ces premiers motifs de lutte s'ajoutent des motifs re-
eux et un vieil antagonisme de race : la Prusse est pro-
ante, la France est catholique ; la Prusse réunit dans
main les enfants de la race germanique presque tout
ière, la France représente la race celto-latine. La Prusse
née de l'apostasie d'un grand maître des chevaliers
toniques, elle a grandi par le protestantisme ; elle s'est
ifiée par le philosophisme, et, marchant à grands pas
s son but, elle s'est placée à la tête de l'Allemagne,

dont les habitants n'appartiennent pas même à la race des premiers Prussiens. La France est née dans les plaines de Tolbiac et dans le baptême de Clovis: dans tous les siècles, elle s'est battue, non pour s'agrandir, mais pour défendre le droit, pour protéger l'Église, tantôt pour arrêter les flots de la barbarie, comme dans les plaines de Poitiers et dans les champs de l'Asie Mineure, de la Palestine et de l'Égypte, tantôt pour empêcher la domination exclusive d'une puissance prépondérante en Europe, comme dans sa lutte séculaire contre la maison d'Autriche. Quand elle a failli à cette mission, soit en se tournant contre l'Église, soit en se laissant aller à l'esprit de conquêtes, elle a été providentiellement ramenée dans sa voie par des désastres, et les peuples n'ont pas cessé de l'admirer et de l'aimer. Hier encore, qu'a-t-elle fait? Elle a deux fois protégé contre les derniers coups de la Révolution le trône pontifical, en 1849 et en 1867, et ses soldats avaient le glorieux privilége de monter la garde auprès de ce trône, qui est la sauvegarde de tous les autres, parce que les vieillards qui s'y assoient sont les représentants et les défenseurs de la justice et du droit, de l'autorité et de la liberté, de la morale et de la vérité. C'est hier encore que la France portait en Crimée un drapeau victorieux pour y briser la force envahissante d'une puissance qui convoite l'empire du monde; c'est hier que ses soldats volaient en Syrie pour y protéger les chrétiens contre d'horribles massacres, hier qu'elle courait jusqu'aux extrémités de l'Asie pour imposer à un peuple dont la civilisation raffinée ressemble à la plus atroce barbarie, le respect de la vie des missionnaires et des apôtres de la vraie civilisation. Et n'est-ce pas hier, en 1830, qu'elle reprenait sur la barbarie africaine cette Algérie, où elle ne cesse de verser son sang généreux, et qu'elle délivrait les côtes de la Méditerranée de la terreur des pirates et des craintes d'un affreux esclavage?

A l'exception de quelques-unes qu'on voudrait effacer pour toujours, et de quelques autres dont l'éclat n'est dû qu'à des triomphes regrettables, les pages de notre histoire sont remplies du récit des plus magnifiques services rendus à l'Europe et au monde par cette nation valeureuse, guerrière, chevaleresque et désintéressée qui a si heureusement fondu dans un tout harmonieux l'antique civilisation avec la civilisation chrétienne, le sang germain avec le sang celtique et le sang latin, dont l'esprit unit si merveilleusement le goût hellénique au bon sens romain, la vivacité celtique à la solidité germanique, et que Dieu a établie dans le plus beau pays du monde, mais placée de façon à ce qu'elle puisse agir sur les autres peuples sans pouvoir les asservir, à ce qu'elle puisse étendre au loin son influence morale sans pouvoir la convertir en domination matérielle.

Admirable position de la France! Par ses côtes occidentales, elle a le chemin ouvert jusqu'aux extrémités du monde, et elle peut envoyer à son gré ses soldats et ses missionnaires en Amérique, en Afrique, en Asie, dans les îles perdues de l'Océanie; par ses côtes méditerranéennes, elle a acccès dans tout ce vaste bassin autour duquel ont vécu les plus célèbres peuples de l'antiquité; par l'est elle touche à l'Italie et à l'Allemagne, par le sud, à l'Espagne; elle est en rapports immédiats avec l'Angleterre, avec l'Allemagne, avec l'Italie, avec l'Espagne, et par la mer du Nord, elle touche les pays scandinaves : c'est-à-dire qu'elle a tout à la fois une position assez centrale pour être en communication avec l'Europe, et assez excentrique pour que l'empire de l'Europe soit hors de sa portée.

En est-il de même de l'Allemagne? La position de ce grand pays n'est pas moins forte : complété en effet, et réuni sous le même sceptre, le peuple allemand, qui touche à l'est la Pologne et la Russie, dominerait la Belgique au nord, menacerait la France à l'ouest et l'Italie au sud, aurait entrée dans la Méditerranée par l'Adriatique, et descendrait jusqu'à la mer Noire par le Danube. Soixante millions d'hommes dans la main d'une dynastie essentiellement militaire et conquérante, ce serait une menace perpétuelle pour la France, pour l'Italie, pour la Turquie, pour la Russie, pour le Danemark, pour la Suède, pour la Hollande; nous ne disons pas pour la Pologne, hélas! car déjà la Prusse, avant d'avoir pris l'énorme extension qu'elle a acquise de nos jours, avait provoqué la mort de ce glorieux pays.

Par ce que la Prusse a fait, qu'on juge de ce qu'elle ferait si elle était maîtresse de l'Allemagne. Cette puissance n'a grandi que par la conquête et par la spoliation : qu'on cherche les services qu'elle a pu rendre à l'Europe et à la civilisation. Au XVIe siècle, elle se tourne contre la Pologne et contre le catholicisme; au XVIIe, elle grandit aux dépens de l'Empire; au XVIIIe, elle favorise la philosophie matérialiste et impie, elle enlève la Silésie à l'Autriche, et elle provoque le partage de la Pologne; au XIXe elle se fait donner les provinces rhénanes, et c'est hier, qu'après la plus injuste guerre, elle démembre le Danemark, elle expulse l'Autriche de l'Allemagne, elle confisque le Hanovre, elle ne laisse à la Saxe qu'une indépendance nominale, et met dans ses mains les forces de la Hesse, du Wurtemberg, de Bade, de la Bavière. Qu'elle soit victorieuse dans la guerre actuelle contre la France, et c'en est fait dans un temps plus ou moins rapproché de la Hollande et du Danemark, c'en est fait de l'Autriche, qui perdra la Bo-

hême et les pays allemands, c'en est fait de l'indépen-
dence de la Suisse, et la France humiliée devra perdre la
riche et patriotique Alsace et une partie de la Lorraine.
Ce sont là des conséquences devant lesquelles recule le patriotisme; mais ces conséquences possibles indiquent
quelle est la grandeur de la lutte, quelle est la grandeur des
intérêts qui sont remis au sort des batailles.

Aussi comprenons-nous que toutes les préoccupations
se tournent de ce côté, qu'en France et en Allemagne il
n'y ait plus qu'une seule pensée, et que, dans toute l'Europe, dans le monde entier, tous les regards se tournent
vers les bords du Rhin, près desquels vont se décider,
pour des siècles peut-être, les destinées de deux grands
peuples et de l'équilibre européen.

Ce sont les péripéties de cette lutte gigantesque, ses
causes et ses résultats que nous entreprenons de raconter
avec toute l'impartialité, c'est-à-dire avec l'esprit de justice et l'amour de la vérité que réclame l'histoire, mais
aussi avec l'émotion que doit éprouver tout bon Français, tout bon catholique, en assistant à ces terribles
jeux de la force d'où dépendent le sort des empires, d'où
dépendent aujourd'hui les destinées de la France et la
situation temporelle de la religion.

Français et catholique, nous écrivons en Français et en
catholique, heureux du succès de nos armes, affligé de
nos revers, mais voyant toujours au-dessus de ces que-
relles humaines la main de Dieu qui fait tourner à l'accomplissement de ses éternels desseins les agitations des
hommes, leurs passions, leur vices et leurs vertus, qui,
dans sa miséricorde, n'exerce les châtiments que pour
sauver, et qui travaille avec un soin jaloux à la conservation
de son Église, la gardienne de la vérité et de la morale,
l'arche divine qui conduit l'humanité au port, à travers les

plus violentes conquêtes et les plus redoutables écueils.

Nous savons bien que les récits de la guerre ne manqueront pas ; mais nous avons pensé qu'au milieu de tant de récits qui ne viseront qu'au pittoresque et qui ne s'adresseront qu'à l'imagination ou au patriotisme, il pouvait y avoir une place pour une histoire plus sérieuse ; que, malgré les émotions de la lutte, une plume française et catholique pouvait s'élever assez pour juger les événements avec la justice et l'impartialité d'un historien du xx⁰ siècle ; et que, sans renoncer au récit des batailles et de tous ces faits intimes, de ces anecdotes mêmes qui peignent mieux que tout le reste le génie et le caractère des combattants, elle pouvait se livrer à des considérations plus hautes et ne pas craindre de donner toute la dignité de l'histoire, toute sa gravité, toute sa justice au tableau qu'elle est appelée à retracer.

Il est bien difficile, nous l'avouons, d'écrire ainsi l'histoire des événements qui se déroulent sous nos yeux, de suivre presque jour par jour les péripéties d'une lutte qui n'est pas terminée, et nous ne nous dissimulons pas que nos récits seront parfois nécessairement incomplets, que des renseignements viendront plus tard qui forceront de rectifier certains détails, que la louange et le blâme pourront quelquefois être mal distribués, parce que nous aurons jugé avant de connaître ces derniers résultats qui permettent de juger sûrement, en plaçant l'ensemble des actes sous les yeux de l'historien. Mais, fort de notre amour pour la vérité, fort de la conscience que nous avons de vouloir être juste toujours, fort, oserons-nous dire, de notre patriotisme de Français et de notre foi catholique, nous espérons éviter la plupart des inconvénients contre lesquels doit se prémunir l'historien des faits contemporains. *Absque ira et studio*, sans haine ni faveur, sans prévention aucune sorte, voilà comment nous voulons écrire, sans haine pour personne, sans partialité pour personne; mais il est bien entendu que cette impartialité n'est pas de l'indifférence. Si l'historien doit être impartial, il ne doit pas être apathique: Français, il nous serait impossible de ne pas triompher avec la patrie, de ne pas pleurer avec elle; catholique, il nous serait impossible de ne pas gémir des actes qui compromettraient les intérêts de notre religion, qui sont pour nous les plus grands intérêts de la France et de l'humanité, et de ne pas nous réjouir de ce qui peut contribuer au triomphe et à l'extension de cette religion, qui est le règne de Dieu sur la terre. Et nous sommes heureux de penser que, si l'on ne commet pas de fautes trop graves, les victoires de la France seront les victoires de la sainte Église. Veuille Dieu détourner les maux qui menaceraient la France si ceux qui la dirigent oubliaient que la mission de la fille est de protéger sa mère; veuille Dieu inspirer à ceux qui nous gouvernent, à ceux à qui nous donnons si volontiers notre argent, nos enfants et nos frères, pour qui nous multiplions nos prières et nos vœux, ces grandes pensées, ces sentiments religieux et catholiques, ces actes dignes d'eux et de la France, qui nous permettent d'écrire cette histoire avec l'accent joyeux d'un patriotisme triomphant et non avec les larmes et les regrets d'un patriotisme affligé!

La France, aujourd'hui, ne forme plus qu'une famille: lorsqu'un grand danger menace la famille, tous les cœurs s'unissent et n'ont plus qu'une même pensée, qu'une préoccupation unique. Nous en sommes là, et c'est pourquoi nous écrivons; mais c'est pourquoi l'émotion peut faire trembler notre plume, et nos jugements se précipiter plus vite que ne l'exigerait la vérité. Nous ne reculerons jamais devant le désaveu d'une erreur ou d'une injustice même involontaire; mais, pour qu'on nous juge à notre tour avec justice et qu'on fasse à notre égard la part des circonstances, nous daterons chacun des chapitres que nous écrirons : la date, en rappelant les préoccupations qui pouvaient assiéger la pensée de l'historien, expliquera les variations de ses sentiments, comme les lacunes qui pourraient exister dans le récit des événements; peut-être aura-t-elle en même temps le mérite de faire revivre les émotions que le lecteur aura lui-même éprouvées, et ce souvenir ne sera pas sans charme. On n'écrit pas dans le feu de la bataille comme dans le silence du cabinet ; si les pages que nous livrons au public cessent de se trouver en rapport avec les dispositions de lecteurs devenus plus calmes et plus froids après la lutte, il leur restera le mérite de retracer avec plus de vérité les diverses émotions par lesquelles la France aura passé, et cela est encore de l'histoire.

Avons-nous besoin de dire maintenant que nous avons pris toutes les précautions possibles pour être exactement informé? Les documents officiels viennent en première ligne, nous les avons tous sous les yeux ; en même temps, nous suivons avec le plus grand soin les récits et les appréciations des différents journaux de toutes les nuances, impérialistes, orléanistes, légitimistes, républicains, catholiques et protestants, conservateurs et révolutionnaires, qui tous se contrôlent les uns par les autres. Le *Times*, le plus puissant journal de l'Angleterre, disait dernièrement, avec beaucoup de justesse, que le jugement des nations étrangères à la lutte devance le jugement de la postérité : nous n'avons pas négligé ce moyen d'information et d'impartialité, et nous étudions avec une grande attention les récits et les jugements de la presse étrangère, en Angleterre, en Belgique, en Allemagne, en Espagne, en talie, aux États-Unis. Nous aurons soin aussi de contrôler les informations officielles des deux gouvernements engagés dans la lutte, comme nous le faisons pour les récits qui nous viennent du théâtre de la guerre. Si toutes ces précautions, si tous ces soins ne nous empêchent pas d'être quelquefois incomplet ou inexact, nous pourrons au moins nous rendre témoignage d'avoir fait tout ce qui était en nous pour éviter ce double défaut, et nous espérons que le lecteur nous en saura gré.

Enfin, nous avons pensé qu'il ne suffisait pas toujours d'analyser les pièces officielles et les documents authentiques sur lesquels nous nous appuyons : c'est pourquoi nous avons réservé pour la fin de chaque volume (si nous en écrivons plusieurs) ces pièces et ces documents. Mais comme notre ouvrage doit paraître par livraisons, nous avons cru qu'il serait utile de publier concurremment le récit et les documents de manière à éclairer les uns par les autres. Les feuilles consacrées au récit des événements seront donc souvent suivies d'une ou de deux feuilles consacrées à cette reproduction : il sera du reste facile de les distinguer par la pagination comme par le texte; les documents seront paginés en chiffres romains et imprimés en caractères plus petits.

Et maintenant, chers lecteurs et chers compatriotes, demandons ensemble au Dieu qui tient dans sa main le sort des combats de bénir les armes de la France, d'accorder la victoire à nos généreux et intrépides soldats, et de permettre à l'historien futur de cette terrible lutte d'écrire que Dieu s'est une fois de plus servi de la France pour l'accomplissement de ses desseins et le triomphe de son Église : *Gesta Dei per Francos.*

5 août 1870.

Au moment même où nous envoyons cette Préface à l'impression, de douloureuses nouvelles arrivent de la frontière ; une grande bataille est perdue, l'ennemi s'avance en force sur le sol sacré de la patrie, l'agitation est extrême à Paris, l'inquiétude se répand partout, et le gouvernement se croit obligé de recourir à la grave mesure de la convocation des chambres. Ce n'est pas un premier revers qui doit abattre les courages ; le sort de la France n'est pas à la merci d'une bataille ; nous savons que nos soldats n'ont reculé, et en bon ordre, que devant des forces infiniment supérieures, et qu'ils n'ont rien perdu de leur élan et de leur résolution. En de telles circonstances, il ne peut plus y avoir qu'un seul sentiment pour nous, l'amour de la patrie ; un seul désir, celui de repousser l'envahisseur hors des frontières, et de sauver, à force d'énergie et de victoires, l'honneur, l'indépendance et la juste influence de notre pays. *Dieu protége la France !*

7 août 1870.

LA

GUERRE DE PRUSSE

CHAPITRE PREMIER.

LA PRUSSE JUSQU'A SADOWA.

8 août 1870.

I

Qu'est-ce que la Prusse? « La Prusse, a dit le vicomte de Bonald, « la Prusse, royaume *nouveau venu dans la chétienté,* et qui n'y « *est pas entré comme les autres par la porte de Rome, n'y a paru* « *que pour la troubler* (1). » L'histoire ne démontre que trop la justesse de cette parole. La Prusse est une nation de proie, a-t-on dit d'une façon plus concise et plus énergique encore, et c'est un jugement que l'histoire confirme à chacune des pages de l'histoire de ce pays. Un rapide coup d'œil jeté en arrière le fera voir.

Il y avait, à la fin du Xe siècle, un comte d'origine obscure, qui possédait le comté de Zollern et qui s'appelait Frédéric. Il bâtit le château du Haut-Zollern ou Hohenzollern, et le château devint le berceau de cette famille dont l'ambition trouble aujourd'hui l'Europe. Deux cents ans après, un des descendants de Frédéric, du nom de Conrad, devint à titre héréditaire burgrave de Nuremberg. Les successeurs de Conrad vécurent assez obscurément, mais se montrèrent si fidèles aux empereurs d'Allemagne, que l'un d'eux, Frédéric V, fut déclaré prince de l'Empire, en 1363, par l'empereur Charles IV.

(1) *De l'Équilibre politique en Europe.*

L'un des deux fils de celui-ci, Frédéric VI, commença véritablement
la grandeur de sa maison. Il était riche, et le roi de Hongrie, Sigis-
mond, qui désirait la couronne impériale, avait besoin d'argent : le
riche burgrave prêta 100,000 florins d'or au monarque besogneux,
qui, devenu possesseur du Brandebourg, le remit comme hypothèque
à son créancier jusqu'à ce qu'il pût s'acquitter envers lui, et le
nomma en même temps administrateur des Marches. Cela se passait
en 1410.

Un prêt hypothécaire, telle est l'origine du royaume de Prusse et
de la grandeur des Hohenzollern. Chose remarquable! le nouveau
gouverneur de Brandebourg, facilement accepté par les villes, fut
obligé de faire la guerre pour soumettre les nobles qui se renfermaient
dans leurs châteaux, et parmi ces nobles se trouvait un comte de
Bismark qui se distingua par sa résistance. Il y a longtemps, on le
voit, que les Hohenzollern et les Bismark se connaissent : aujour-
d'hui qu'ils sont unis, l'Europe sait trop ce que valent leur ambition
et leur opiniâtreté.

Ce fut dans cette guerre du burgrave de Nuremberg, gouverneur
du Brandebourg, que ces pays entendirent pour la première fois la
voix du canon : le margrave de Thuringe avait prêté à Frédéric
une de ces terribles machines de guerre; les premières victoires des
Hohenzollern étaient dues à l'emploi d'une arme inconnue à l'ennemi.

Cependant Frédéric, qui se battait contre les seigneurs, continuait
de prêter à l'empereur. L'empereur reconnut qu'il ne lui serait pas
possible de rendre l'argent qu'on lui avait avancé; le prêteur se
montra facile; il se contenta de recevoir en payement, le 15 avril 1415,
le Brandebourg avec la dignité électorale, qui lui fut confirmée à
Constance en 1417. Alors il cessa d'être le burgrave Frédéric V pour
devenir l'électeur Frédéric Ier : c'était un nouveau pas en avant, qui
mettait dans la main des Hohenzollern, entre autres villes, celle de
Berlin, capitale future de leur empire.

Les deux principales puissances de ce côté étaient les chevaliers de
l'ordre teutonique et la Pologne; les chevaliers avaient été appelés
de la Terre Sainte pour combattre les tribus demi-slaves demi-ger-
maines du nord-est, qui étaient encore païennes et qui se faisaient
redouter par leur cruauté. L'une de ces tribus était celle des *Pruczi*,
Borusses ou *Porusses*. Après un demi-siècle de combats, les chevaliers
domptèrent ces ancêtres des Prussiens, qui se firent chrétiens, et qui
leur restèrent soumis pendant près de deux cents ans.

n 1450, les Borusses se révoltèrent et appelèrent à leur secours
oi de Pologne, qui les enleva aux chevaliers teutoniques, et qui
ca leur suzerain. Un demi-siècle après, en 1510, les chevaliers
rent pour leur grand maître Albert de Brandebourg, arrière-petit-
de Frédéric Ier et neveu de l'électeur régnant, Joachim.

lbert avait l'ambition de sa race, et il n'avait guère de scrupules.
tant qu'il ne pouvait résister à la puissance prépondérante du
de Pologne, il signa le traité de Cracovie, en 1525, et, renonçant
a dignité de grand maître et à tout lien avec son ordre, il fut re-
nu *duc héréditaire de Prusse* sous la suzeraineté de la Pologne.
même temps il embrassait la réforme de Luther et épousait une
e du roi de Danemark. Ce fut un coup mortel pour l'ordre teuto-
que, trahi par son grand maître, et ce fut l'introduction du luthé-
isme dans la Prusse orientale. La trahison et l'apostasie conti-
aient l'œuvre de Frédéric Ier, le banquier.
Kœnigsberg (la montagne du roi) devint la capitale du duché de
usse.
Albert de Brandebourg devint fou dans ses dernières années; c'est
accident qui n'est pas unique chez les Hohenzollern. La postérité
l'apostat s'éteignit bientôt, en 1618, et ses États revinrent à la
anche aînée, dont les domaines se trouvèrent dès lors assez éten-
s. Le mariage de l'électeur Jean-Sigismond avec l'héritière du
mté de Juliers, en 1609, lui avait déjà donné le duché de Clèves et
comtés de la Mark et de Rawensberg : les Hohenzollern mettaient
nsi le pied sur la rive gauche du Rhin, ils allaient entrer en rap-
rts avec la France.
La guerre de Trente ans ne fut pas d'abord favorable aux Hohen-
llern : lorsque le successeur de Jean-Sigismond mourut à Kœnigs-
rg, le 1er décembre 1640, il ne laissa à son fils qu'un pays désolé
envahi, peu de soldats, pas d'argent et des alliés douteux. Berlin
e comptait plus que 400 habitants, et les Suédois pressuraient le
ays d'impôts. Mais il faut noter ici un fait qui a son importance
ans l'histoire de la Prusse : jusqu'à cette époque, les électeurs de
randebourg n'avaient eu d'autres troupes réglées que 300 gardes
u corps ; en 1638 fut nommé le premier général brandebourgeois.
Alors parut Frédéric-Guillaume, qui mérita le nom de *grand élec-*
ur, et qui fut le véritable fondateur de la grandeur de sa maison.
ar quels moyens? On va voir s'ils furent tous honorables. Frédé-
ic-Guillaume ne consulta en tout que son intérêt. Après avoir réor-

ganisé ses finances et son armée, il s'allia d'abord aux Suédois contre les Polonais, et s'affranchit ainsi de la suzeraineté de la Pologne. Puis il s'allia à l'empereur d'Allemagne contre les Suédois, et la Suède se vit obligée de reconnaître l'indépendance de son duché. Un peu plus tard il combattit avec la Hollande qui faisait la guerre à Louis XIV, et, en 1672, 20,000 Brandebourgeois, commandés par lui, se trouvèrent sur le Rhin en présence de Turenne : ce fut la première rencontre des Prussiens et des Français. Malmené par Turenne, il se hâta de faire la paix, sans s'inquiéter davantage de ses alliés, et recouvra ce qu'il avait perdu. Changeant encore une fois d'alliance, il se mit au service de l'Empire contre Louis XIV, passa le Rhin, mais le repassa bien vite après avoir été battu par Turenne. Les Suédois, alliés de la France, avaient envahi ses États par le nord ; une marche rapide lui permit de surprendre et de battre complétement l'armée à Fehrbellin, au mois de juin 1675. Cette bataille eut un grand retentissement en Allemagne : elle révéla, dit un historien (1), l'existence d'un peuple nouveau et d'un vengeur de l'Empire, consacra la valeur des Brandebourgeois et le génie militaire de Frédéric-Guillaume. Les succès qui suivirent la bataille de Fehrbellin furent d'ailleurs bientôt compensés par des revers : 30,000 Français vinrent rendre aux Suédois le service qu'ils en avaient reçu. Frédéric-Guillaume perdit successivement ses conquêtes, et le traité de Saint-Germain-en-Laye, conclu en 1679, réduisit presque ses États à leurs anciennes limites. Il se vengea en accueillant les protestants proscrits par la révocation de l'édit de Nantes. Depuis cette époque, la Prusse protestante devint l'ennemie naturelle de la France catholique ; il ne serait pas difficile de suivre la trace des haines protestantes qui ont contribué à entretenir l'animosité des Prussiens contre les Français, et nous aurons dans la suite à signaler ces sympathies protestantes qui, dans la guerre actuelle, ont fait faire des vœux publics pour le triomphe de la Prusse, et peut-être ont amené des révélations fatales à nos armes.

Le grand électeur mourut en 1688, l'année même où une révolution assurait la suprématie du protestantisme en Angleterre par

---

(1) Ph. Le Bas, dans l'*Univers pittoresque;* cet historien est très-favorable à la Prusse et à Frédéric II ; il parlerait sans doute autrement aujourd'hui, mais il est bon de remarquer que ses sympathies pour la Prusse correspondent à son hostilité contre le catholicisme et à son incrédulité.

vénement de Guillaume d'Orange ; la France allait avoir devant
e deux puissances ennemies qui avaient la même haine reli-
euse contre le catholicisme : l'Angleterre et la Prusse, qui pouvaient
donner la main à travers la Hollande ; notons en passant que le
and électeur avait épousé, en 1646, une sœur du prince d'Orange,
re de Guillaume.

Le fils du grand électeur et de cette princesse, Frédéric, né à
enigsberg en 1667, était le troisième électeur de ce nom. Petit et
ntrefait, par suite d'une maladresse de sa nourrice, mais amoureux
 faste et de la magnificence et faisant de la couronne royale le but
 sa plus ardente ambition, il se livra à toutes les intrigues et ne
cula devant aucun moyen pour l'obtenir. Il commença par gagner
s suffrages de son cousin Guillaume III d'Orange, en l'aidant à
onter sur le trône d'Angleterre ; puis il conclut des alliances avec
s princes d'Allemagne et avec l'empereur Léopold Ier. Alors il parla
 la couronne royale qu'il désirait porter : Léopold répugnait à lui
isser prendre le titre de roi, même de *roi des Vandales*, auquel il
ait pensé ; à la fin il céda. « L'empereur devrait faire pendre
 les ministres qui lui ont donné un si perfide conseil, » s'écria le
ince Eugène en apprenant le consentement impolitique de Léopold.
ais Frédéric III se faisait si petit, qu'on n'écouta pas les craintes
s hommes d'État les plus sensés, et l'électeur de Brandebourg, de-
enu Frédéric Ier, *roi en Prusse*, et non encore roi de Prusse, titre
ui aurait effarouché la Pologne et l'Allemagne, posa lui-même la cou-
onne sur sa tête à Kœnigsberg, au mois de janvier 1701.

Le XVIIIe siècle voyait s'élever à la fois les trois puissances
ue la France rencontrerait sur tant de champs de bataille : la Prusse,
Angleterre et la Russie, trois grands États essentiellement ennemis
e l'Église catholique, et qui, par conséquent, montraient à la France
ù elle devait chercher sa grandeur et sa force, c'est-à-dire dans la
rotection des intérêts catholiques, qui la plaçait à la tête de l'Europe
atine et qui en faisait l'alliée de l'empereur d'Allemagne, désormais
rop faible pour inspirer des craintes. La France a instinctivement
ompris le rôle qu'elle était appelée à jouer ; parfois ceux qui la gou-
ernaient ont vu clair, mais que de funestes écarts, que de déplorables
éfaillances qui ont abouti à donner à la Russie, à la Prusse, à l'Angle-
erre une prépondérance fatale à ses intérêts, comme à ceux du catho-
icisme, et qui, dans ces dernières années, ont pour ainsi dire écarté

à plaisir tous les obstacles qui s'opposaient aux désastreux envahissements de la Prusse.

Frédéric 1er, en ceignant la couronne royale, fonda l'ordre de
l'Aigle-Noir : l'Aigle, c'était déjà une aspiration à l'empire de l'Allemagne.

II

Le royaume de Prusse a compté jusqu'ici sept rois :

Frédéric Ier, qui régna de 1701 à 1713 ;

Frédéric-Guillaume Ier, son fils, qui régna de 1713 à 1740 ;

Frédéric II, dit *le Grand*, fils du précédent, qui régna de 1740 à
1786 ;

Frédéric-Guillaume II, neveu du grand Frédéric, et roi de 1786
à 1797 ;

Frédéric-Guillaume III, fils du précédent, et roi de 1797 à 1840 ;

Frédéric-Guillaume IV, fils du précédent, et roi de 1840 à 1861 ;

Enfin Guillaume Ier, frère du précédent, régent depuis 1858, roi
depuis 1861.

A son avénement, Frédéric Ier n'avait pas 2 millions de sujets ; le
roi Guillaume Ier dispose des forces de près de 40 millions d'hommes :
accroissement énorme acquis en moins de deux siècles, et qui doit
donner à réfléchir aux hommes d'État !

Le premier acte du nouveau roi fut d'entrer en guerre contre la
France et l'Espagne, avec l'Angleterre, qui avait vivement soutenu sa
candidature royale, et avec l'empereur d'Allemagne, qui avait cédé
parce qu'il avait besoin de lui : l'occasion de la guerre était la succession d'Espagne, comme en 1870 ; mais alors c'était la France
qui allait placer un de ses princes sur le trône de Charles-Quint ; hier,
c'était la Prusse qui voulait placer sur le même trône un Hohenzollern : que les temps sont changés ! Cependant, si l'on peut trouver que l'Europe avait quelque droit de redouter en 1701 une trop
grande prépondérance de la France, comment pourrait-elle, en 1870,
assister impassible aux agrandissements de la Prusse ? En 1701, la
France vit s'armer contre elle la moitié de l'Europe ; en 1870, c'est
pour la liberté de l'Europe qu'elle combat : restera-t-elle seule, et
l'Allemagne elle-même pourrait-elle être heureuse de victoires qui

n'auront d'autre effet que d'appesantir plus lourdement sur elle le joug des Vandales?

Mais revenons au passé, qui nous fait si bien comprendre le présent.

La politique de Frédéric Ier lui valut un certain nombre de comtés et bailliages, et, entre autres possessions, la principauté de Neufchâtel et de Valangin, qu'elle n'a perdu que tout récemment. Sa mort fut l'effet de la peur. Un jour, sa troisième femme, dans un transport de folie, se jeta tout à coup sur lui pendant son sommeil en jetant de grands cris : dans cette femme échevelée, toute vêtue de blanc, il crut voir la fameuse *Dame blanche* dont l'apparition, selon la légende, annonce leur mort prochaine aux princes de Brandebourg; la fièvre le prit, et il expira au bout de six semaines. « Grand « dans les petites choses, et petit dans les grandes, » tel est le portrait qu'a tracé de lui en deux mots son petit-fils, Frédéric le Grand, et ce portrait est exact : ce n'est pas celui d'un grand homme.

Frédéric-Guillaume Ier, son fils, inaugura le militarisme en Prusse. Ce *roi caporal*, comme on l'a surnommé, ne songeait qu'à la guerre et aux soldats; ses successeurs, en suivant ses traditions, ont fait de la Prusse un camp immense, qui est une perpétuelle menace contre la paix de l'Europe. Sobre, économe jusqu'à la parcimonie, vêtu d'un habit de gros drap coupé court pour épargner l'étoffe, et garni de boutons de cuivre qui servaient à l'habit suivant quand le premier était usé, il commença par vendre les écuries et les meubles de son père et refusa de se faire sacrer pour s'épargner une cérémonie trop coûteuse. Aussi grossier dans ses goûts que simple dans sa vie, il ne manquait pas, chaque soir, à Potsdam, dont il avait fait son séjour favori, d'aller boire et fumer, en compagnie des bourgeois du lieu, dans un estaminet qui est encore aujourd'hui connu sous le nom de Tabagie du roi. Sa principale occupation était d'organiser des régiments et de raccoler dans toute l'Europe les hommes de haute taille dont il les composait. Son fils, qui devait être Frédéric II, résistant à l'éducation militaire qu'il voulait lui donner, il l'astreignit à toute la rigueur de la discipline. La mère de Frédéric, qui était une princesse de Hanovre et qui avait choisi pour son enfant une gouvernante française, contre-balançait autant que possible l'éducation paternelle, et comme l'enfant montrait du goût pour la musique et pour l'étude : « Ce n'est, s'écria le roi avec colère, qu'un

2

« petit maître, un bel esprit français qui gâtera toute ma besogne. »
Devenu jeune homme, Frédéric, fatigué du joug qui pesait sur lui,
essaya de s'enfuir : il fut repris, et le roi caporal fit trancher la tête
à l'ami du jeune prince qui avait favorisé sa fuite : Frédéric lui-
même ne fut épargné qu'à la sollicitation de l'ambassadeur d'Autriche.
Peu après, comme le jeune prince voulait épouser une princesse
d'Angleterre malgré son père, celui-ci employa pour le faire chan-
ger d'avis la canne et les coups de pied, qui étaient ses arguments
favoris. C'est ainsi que le roi caporal élevait son peuple et ses
enfants.

Ce roi, si passionné pour tout ce qui était militaire, eut un règne
tout pacifique ; mais, pendant un quart du siècle, il employa tous ses
efforts à faire de la Prusse une puissance capable d'en imposer à
ses voisins. Et en effet, en mourant, il laissait à son fils 9 millions d'écus en caisse, une armée de 70,000 hommes bien disci-
plinés et un royaume peuplé de près de 2 millions et demi
d'habitants. Ce n'était pas la moitié de la Belgique aujourd'hui ;
mais avec ces éléments, et à force de génie militaire, de constance,
de perfidie et d'iniquité, Frédéric II allait faire de la Prusse l'une
des premières puissances de l'Europe.

On sait ce que fut le règne de Frédéric II, à qui l'on a décerné le
surnom de *Grand* : grand, en effet, si la grandeur consiste dans le
mépris de toutes les lois, dans le mépris de l'humanité, dans l'injustice et dans l'impiété. Mais Frédéric connaissait son siècle : les
philosophes étaient à la mode, il les attira à sa cour, Voltaire le
premier, et il en fit la trompette de sa renommée. Il n'avait qu'un
but : faire de la Prusse l'État le plus puissant de l'Allemagne, et
créer une Allemagne prussienne sur les ruines des diverses nationalités de l'ancienne et véritable Allemagne. Pour arriver là, tous les
moyens lui paraissaient bons ; nul ne mit plus complétement en pratique les odieux principes de Machiavel, nul ne se joua avec une plus
audacieuse impudence de tout ce que l'humanité a de plus sacré.
Ce grand homme, comme l'a si bien dit Joseph de Maistre, n'était
qu'un grand Prussien, et vraiment, à voir avec quelle fidélité le
principal conseiller du roi Guillaume Ier suit les traces de ce roi sans
pudeur et sans conscience, on ne peut s'empêcher de reconnaître
que la Prusse de 1870 est toujours la Prusse de Frédéric II, et la
plus grande ennemie de l'Allemagne, de la France et de l'Europe.

Veut-on avoir une idée des principes de cet homme qu'on a tant

ué en France, et qu'on accoutume encore la jeunesse française à
dmirer dans les colléges et les lycées, qu'on lise ces *Matinées
royales ou l'Art de régner*, qu'une de nos revues (1) vient de publier
d'après un manuscrit inédit attribué à Frédéric II, et qui porte en
fet la marque de ce bel esprit dont le cynisme et l'outrecuidance
alliaient si bien au bel esprit et à la cynique outrecuidance de son
mi Voltaire.

Voyez comme ce roi estime ses sujets ! « Tout ce que je puis dire
d'assez certain, écrit-il, c'est qu'en général tous mes sujets sont
raves et durs, peu friands, mais ivrognes, tyrans dans leurs terres
t esclaves à mon service, amants insipides et maris bourrus ; d'un
rand sang-froid que je tiens au fond pour de la bêtise, savants
ans le droit, peu philosophes, moins poëtes et encore moins ora-
eurs, affectant une grande simplicité dans la parure, mais se tenant
our bien mis avec une petite boucle aux cheveux et un grand cha-
eau, des manchettes d'une aune, des bottes jusqu'à la ceinture,
ne petite canne, un habit très-court et une veste fort longue. »

Que pense-t-il de la religion, ce prédécesseur de Guillaume Ier,
ui affecte une si grande piété, et qui a si pieusement dépouillé des
ouverains amis, des parents, de leurs États,... pour la plus grande
loire de Dieu ? « La religion, écrit Frédéric II, est absolument néces-
aire dans un État : c'est une maxime qu'il serait fou de vouloir
isputer. Un roi est très-maladroit quand il permet que ses sujets en
busent, mais aussi *un roi n'est pas sage d'en avoir*. Écoutez bien
eci, mon cher neveu : il n'y a rien qui tyrannise tant l'esprit et le
cœur que la religion, *parce qu'elle ne s'accorde pas avec nos passions
ni avec les grandes vues politiques qu'on doit avoir. La vraie religion
d'un prince veut l'intérêt des hommes et sa propre gloire.* Il doit être
ispensé par état d'en connaître d'autre; il faut cependant conserver
un extérieur passager pour accommoder ceux qui l'observent et
l'entourent. S'il craint Dieu, ou, pour parler comme les femmes et
les prêtres, s'il craint l'enfer comme Louis XIV dans sa vieillesse, il
devient timide, il est digne d'être capucin. »

Il faut que les peuples comprennent enfin; Frédéric II le dit avec
un cynisme qui a, du moins, le mérite de la franchise (il est vrai qu'il
ne parlait qu'à son successeur, et confidentiellement) : la religion
dans le prince est la meilleure garantie des sujets et de la paix géné-

____

(1) *Revue du monde catholique*, livraison du 25 juillet 1870.

rale. Lisons les lignes qui suivent, et nous en serons convaincus :
« Est-il question, continue le royal écrivain, de *s'emparer d'une province voisine?* Une armée de diables se présente à nos yeux pour la
défendre; *nous sommes assez faibles pour croire que c'est une injustice,* et nous proportionnons nous-mêmes le châtiment à notre
crime. Voulons-nous faire un traité avec d'autres puissances? — Si
nous nous souvenons que nous sommes chrétiens, tout est perdu,
nous serons toujours dupes. *Pour la guerre, c'est un métier où le plus
petit scrupule gâterait tout.* En effet, quel est l'honnête homme qui
voudrait la faire, si l'on n'avait pas le droit de faire ces règles qui
permettent le pillage, le feu et le carnage? — Je ne dis pas pourtant qu'il faille afficher l'impiété et l'athéisme, mais il faut penser
selon le rang que l'on occupe. »

Il dit un peu plus loin : « Une réflexion bien importante que j'ai
à vous faire, c'est que vos ancêtres ont opéré de la façon la plus
sensée dans cette partie. *Ils ont fait une réforme qui leur a donné
un air d'apôtre en remplissant leur bourse.* C'est sans contredit le
changement le plus raisonnable qui soit jamais arrivé dans cette espèce; mais puisqu'il n'y a rien à gagner et qu'il serait dangereux
dans ce moment-ci de marcher sur leurs traces, il faut s'en tenir
à la tolérance... — Comme nos aïeux se firent chrétiens dans le
ixᵉ siècle pour plaire aux empereurs, luthériens dans le xvᵉ (*sic*)
pour prendre le bien de l'Église, et réformés dans le xviᵉ (*sic*) pour
plaire aux Hollandais à cause de la succession de Clèves, nous pourrions bien nous rendre indifférents pour maintenir la tranquillité
dans nos États. »

Et, après avoir ainsi dévoilé les honteuses causes de l'apostasie de
ses ancêtres, Frédéric II parle d'un projet qu'avait eu son père de
réunir les trois religions de ses États et de n'en former qu'une. Il
aurait fusionné le catholicisme, le luthéranisme et le calvinisme;
mais il comptait surtout sur le luthéranisme, qui aurait formé comme
la base de la nouvelle religion, dont le principal caractère aurait été
une religiosité vague avec une indifférence à peu près absolue. Ceux
qui douteraient que les rois de Prusse suivent un plan bien déterminé dans leur politique, et que les *Matinées royales* de Frédéric II
soient autre chose que le testament politique de ce prince, n'ont
qu'à se rappeler que le projet de fusion a été repris par le père du
roi actuel, et qu'il a réussi assez pour qu'il n'y ait plus vraiment en
Prusse que deux religions : le catholicisme, qui a résisté à la fusion

parce qu'il a pour lui la vérité, et le protestantisme, qui réunit dans un même culte extérieur à peu près tous les autres sujets de la Prusse; c'est ce qu'on appelle la religion évangélique.

Ce *grand* roi, qui ne voyait dans la religion qu'un instrument de règne, aimait-il au moins la justice, cette belle vertu royale qu'on lui prête si bénévolement sur la foi de l'anecdote du meûnier de Sans-Souci? Écoutons-le encore : « Nous devons, dit-il, à nos sujets la justice, comme ils nous doivent le respect. J'entends par là, mon cher neveu, qu'il faut rendre la justice aux hommes et surtout aux sujets, *lorsqu'elle ne blesse pas notre autorité. Car il ne doit y avoir aucune égalité entre le droit du monarque et le droit du sujet ou de l'esclave.* Mais il faut être juste et ferme lorsqu'il est question de juger ou établir le droit entre un sujet et un autre sujet. C'est un acte qui seul peut nous faire adorer; mais il faut bien prendre garde de nous laisser subjuguer par elle... Je suis né trop ambitieux pour souffrir qu'il y ait quelque chose dans mes États qui me gêne, et très-certainement c'est ce qui m'a obligé à faire un nouveau Code... La plus grande partie de mes sujets a cru que j'étais touché des maux qu'entraîne après soi la chicane. Hélas! je vous l'avoue, et j'en rougis quelquefois, que bien loin de l'avoir eue en vue, je regrette les petits avantages qu'elle me procurait; car les droits établis sur la procédure et sur le papier timbré ont diminué mes revenus de plus de 500,000 livres. Ne vous laissez pas éblouir, mon cher neveu, par le mot de justice : c'est un mot qui a différents rapports et qui peut être appliqué de différentes manières. » — Et Frédéric II qui dit, un peu plus loin : « Je n'aurais jamais rien fait si j'avais été gêné; peut-être passerais-je pour un roi juste, mais on me refuserait le titre de héros; » montre très-bien que pour lui la justice n'est qu'une question d'intérêt, de même que la religion.

A-t-il une idée plus haute de la politique, de cette science du gouvernement des hommes, qu'un roi véritablement roi, c'est-à-dire qui veut avant tout le bien de son peuple, devrait tenir en une si grande estime. Voici ce qu'est la politique pour Frédéric II, et l'on peut ajouter voici ce qu'a été Frédéric II : « Comme, dit-il, on est convenu parmi tous les hommes que duper son semblable était une action lâche, on a été chercher un terme qui adoucit la chose, et c'est le mot *politique* qu'on a choisi. Infailliblement ce mot n'a été employé qu'en faveur des souverains, parce que décemment on ne peut nous traiter de coquins et de fripons. — Quoi qu'il en soit, voici ce que je pense de la politique : *J'entends*, mon cher neveu, *par le mot* politique *qu'il faut chercher à duper les autres*; c'est le moyen d'avoir de l'avantage, ou au moins d'être de pair avec tous les hommes; car soyez bien persuadé que tous les États du monde courent la même carrière et que c'est le but caché où tout le monde vise, grands ou petits. — Or, ce principe posé, ne rougissez plus de faire des alliances dans la vue d'en tirer vous seul tout l'avantage. Ne faites pas la faute grossière de ne pas les abandonner, quand vous croirez qu'il y va de votre intérêt, et surtout soutenez vivement cette maxime que dépouiller ses voisins, c'est leur ôter le moyen de nous nuire. »

C'est bien Frédéric II qui parle, c'est bien ainsi qu'il a agi; mais peut-on lire ces lignes sans songer que la Prusse a pris récemment le Holstein et le Slesvig avec le secours de l'Autriche; qu'elle s'est ensuite jetée sur l'Autriche pour la pousser hors de l'Allemagne et détruire l'indépendance de l'Allemagne du Nord, et qu'aujourd'hui elle se sert de toutes les forces de cette confédération, violemment formée par elle, et de celles des États du Sud, pour prussifier entièrement, si elle est victorieuse, et le Nord et le Sud? Si la France succombe, le testament de Frédéric II sera exécuté : M. de Bismark est l'exécuteur testamentaire du grand Prussien.

O admirateurs de Frédéric II, lisez encore ceci : « Un prince ne doit se montrer que du bon côté, et c'est à quoi il faut vous appliquer très-sérieusement. Quand j'étais prince royal, j'étais fort peu militaire; j'aimais mes commodités, la bonne chère... Quand je fus roi, je parus soldat, philosophe et poëte; je couchais sur la paille, je mangeais du pain de munition à la tête de mon camp. Je parus mépriser les femmes. Voici comme je me conduisis dans mes actions. Dans mes voyages, je vais toujours sans gardes, et je marche nuit et jour; ma suite est très-peu nombreuse et bien choisie. Ma voiture est toute unie; mais elle est bien suspendue, et j'y dors aussi bien que dans mon lit. Je parais faire peu d'attention à la façon de vivre : un laquais, un cuisinier, un pâtissier sont tout l'équipage de ma bouche. J'ordonne moi-même mon dîner, et ce n'est pas ce que je fais de plus mal, parce que je connais le pays et que je demande, soit en gibier, poisson et viande de boucherie, ce qu'il produit de meilleur. Quand j'arrive dans un endroit, j'ai toujours l'air fatigué et je me montre en public avec un fort mauvais surtout et une perruque mal peignée. Ce sont des riens qui produisent souvent une impression singulière. Je donne audience à tout le monde, excepté aux prêtres, ministres et moines; comme ces messieurs sont accoutumés à parler de loin, je les écoute de ma fenêtre; un page les reçoit et leur fait mon compliment à la porte. *Dans tout ce que je fais, j'ai toujours l'air de ne penser qu'au bonheur de mes sujets.* Je fais des questions aux nobles, aux bourgeois et aux artisans; j'entre avec eux dans les plus grands détails. Vous avez entendu aussi bien que moi, mon cher neveu, les propos flatteurs de ces bonnes gens. Rappelez-vous celui qui disait qu'il fallait que je fusse bien bon pour me donner autant de peine, après avoir fait une guerre aussi longue, et souvenez-vous de celui qui me plaignait de tout son cœur en voyant mon mauvais surtout et les petits plats qu'on servait à ma table. Le pauvre homme! Il ne savait pas que j'avais un bon habit dessous, et il croyait qu'on ne pouvait pas vivre si on n'avait un jambon et un quartier de veau à son dîner. »

Est-ce assez de cynisme?

Les *Matinées royales* énumèrent trois grands principes de politique : se mettre en état de profiter des circonstances qui permettent de s'agrandir; ne s'allier que pour son avantage, et se faire craindre et respecter même dans les temps les plus fâcheux. Montrer l'application de ces trois principes, c'est résumer le règne de Frédéric II, et Frédéric le fait lui-même avec une concision remarquable : « Lorsque mes troupes, dit-il, eurent acquis (par l'exercice et la tactique) un avantage sur toutes les autres, je ne fus plus occupé qu'à examiner les prétentions que je pouvais fonder sur différentes provinces. Quatre points principaux s'offrirent à mes yeux : la Silésie, la Prusse polonaise, la Gueldre hollandaise et la Poméranie suédoise. Je me fixai à la Silésie, parce que cet objet méritait plus que tous les autres mon attention et que les circonstances m'étaient plus favorables. Je laissai au temps le soin d'exécuter mes projets sur les autres points; je ne vous démontrerai point la validité de mes prétentions sur cette province. Je les ai fait établir par mes orateurs; l'impératrice me les a fait combattre par les siens, et nous avons terminé le procès à coups de canon, de sabre et de fusil. S'allier pour son avantage est une maxime d'État, et il n'y a pas de puissances qui soient autorisées à la négliger. De là suit cette conséquence qu'il faut rompre son alliance lorsqu'elle est préjudiciable. Dans ma première guerre avec la reine, j'abandonnai les Français à Prague, parce que je gagnais la Silésie au marché. Quand je les aurais conduits à

Vienne, ils ne m'en auraient jamais donné autant. Quelques années après je renouai avec la France, parce que j'avais envie de tenter la conquête de la Bohême, et que je voulais ménager cette puissance pour le besoin. J'ai, depuis, négligé cette nation pour m'approcher de celle qui m'offrait le plus. Quand la Prusse, mon cher neveu, aura fait sa fortune, elle pourra se donner un air de bonne foi et de constance qui ne convient tout au plus qu'aux grands États et aux petits souverains. »

C'en est assez pour juger Frédéric II et pour juger la Prusse, si fidèle à la politique de son grand roi; nous n'avons pas besoin d'en dire davantage. On sait comment Frédéric II profita des embarras de Marie-Thérèse pour lui enlever la Silésie, et combien il contribua à faire descendre du haut rang qu'elle occupait en Allemagne, cette maison d'Autriche à qui son aïeul devait sa couronne. On sait le mal qu'il fit à la France, et cela aux applaudissements de ce Voltaire à qui l'on veut élever une statue à Paris, statue qui ne sera jamais érigée, nous l'espérons bien, maintenant que les événements se chargent d'ouvrir tous les yeux, et de montrer que les ennemis du catholicisme ne peuvent être que de mauvais Français; on sait, enfin, que ce fut Frédéric II qui poussa le plus vivement au partage de l'infortunée Pologne, qui avait pourtant donné le duché de Prusse aux Hohenzollern.

Frédéric II mourut sans postérité, le 17 août 1786. Il laissait à son successeur une armée de 200,000 hommes, des forteresses en bon état, un territoire presque doublé depuis le commencement de son règne, près de 4 millions de sujets, et le roi de Prusse, chef de la *ligue des princes*, que Frédéric avait formée, se trouvait déjà à la tête d'une grande partie de l'Allemagne : l'empereur avait un rival sérieux.

III.

Frédéric-Guillaume II, le *cher neveu* pour qui le grand Frédéric écrivait ses *Matinées royales*, continua la politique de son oncle. Il avait conclu, en 1790, un traité avec la Turquie, et s'était engagé à la secourir contre la Russie et contre l'Autriche; la même année, il conclut un traité avec la Pologne et s'engagea à la soutenir contre

ennemis du dehors et du dedans : quelques mois après, il aban-
na la Turquie, il se tourna contre la Pologne, et l'aigle prussienne
agea la proie avec l'aigle russe : le troisième partage donna, en
3, la grande Pologne à la Prusse.
ans l'intervalle, en 1791, il avait réuni à ses États les princi-
tés d'Anspach et de Bayreuth, cédées par le dernier rejeton des
enzollern de Franconie, et, soudoyé par l'Angleterre, allié de
triche, il avait fait marcher sur le Rhin une armée de cin-
nte mille hommes. L'Europe conservatrice voulait s'opposer aux
s de la Révolution, qui bouleversait la France, et soutenir la
se du roi Louis XVI ; la Prusse songeait surtout à s'agrandir à nos
ens et à consolider sa position sur la rive gauche du Rhin. On
ce qui arriva : la coalition, d'abord victorieuse, s'avança jusqu'à
te lieues de Paris ; la France se leva comme un seul homme, et
anger fut rejeté hors de nos frontières. La Prusse avait paru la
mière, la première elle battit en retraite ; le 5 avril 1795, elle
ait un traité qui lui enlevait tout ce qu'elle possédait sur la rive
che du Rhin.
rédéric-Guillaume II se vengea de cet échec, quelques mois après,
le troisième partage de la Pologne. Ce fut son dernier exploit.
avait pas l'humeur guerrière de son oncle ; mais, en suivant sa
tique tortueuse et sans foi, il parvint au même but. Ce règne de
e ans, qui se termina en 1797, avait encore agrandi la Prusse,
comptait alors plus de huit millions d'habitants.
rédéric-Guillaume III, qui devait régner jusqu'en 1840, s'était
ingué dans la campagne de France. Il avait de belles qualités.
père, ami des plaisirs, avait dissipé par ses prodigalités le trésor
grand Frédéric ; il s'attacha d'abord à restaurer ses finances, et,
ant bien la situation, il ne songea d'abord qu'à faire respecter
frontières, pendant que ses rivaux se déchiraient entre eux. C'est
rquoi il refusa d'entrer dans la nouvelle coalition qui se formait
tre la France ; mais il adhéra à la neutralité armée des puissances
Nord, et cela lui valut, en 1801, l'abandon du Hanovre et l'occupa-
des embouchures de l'Elbe, du Weser et de l'Ems. Après la paix
Lunéville, ses États s'agrandirent encore des évêchés de Hildes-
m et de Paderborn, des villes libres de Goslar, de Mulhausen et de
dhausen, de la ville et du territoire d'Erfurt, de la ville et de la
tié du diocèse de Munster, qu'on lui cédait comme indemnité de
perte des provinces rhénanes.

Napoléon Ier régnait : Frédéric-Guillaume III, qui avait pu s'agrandir grâce à l'amitié du redoutable conquérant, crut qu'il pourrait le braver impunément ; il exigea que les troupes françaises repassassent immédiatement le Rhin, et qu'il ne restât rien au nouvel empire sur la rive droite. L'ultimatum prussien était fier, et demandait une réponse immédiate. Napoléon répondit par la guerre, et publia une proclamation dont plus d'un passage pourrait s'appliquer à la situation actuelle. « Des cris de guerre, disait-il, se sont fait entendre à Berlin ; depuis deux mois, nous sommes chaque jour provoqués davantage ; la même faction, le même esprit de vertige qui, à la faveur de nos dissensions intestines, conduisit, il y a quatorze ans, les Prussiens au milieu des plaines de la Champagne, domine dans les conseils... Les insensés ! qu'ils sachent donc qu'il serait mille fois plus facile de détruire la grande capitale que de flétrir l'honneur du grand peuple et de ses alliés... Déjà les Prussiens sont arrivés à nos avant-postes. Marchons donc ; qu'ils apprennent que, s'il est facile d'acquérir un accroissement de domaines et de puissance avec l'amitié du grand peuple, son inimitié, qu'on ne peut provoquer que par l'abandon de tout esprit de sagesse et de raison, est plus terrible que les tempêtes de l'Océan. »

Les faits répondirent bientôt aux paroles. C'était le 8 octobre 1806 que la Prusse avait fixé pour l'abandon de la rive droite du Rhin par nos troupes ; le 14 octobre, les batailles d'Iéna et d'Auerstædt répondaient au défi ; le 27 octobre, Napoléon entrait à Berlin, où il recevait les hommages du corps municipal ; un mois après, la conquête de la Prusse était achevée, et les autorités prussiennes prêtaient un serment ainsi conçu : « Je jure d'exercer loyalement « l'autorité qui m'est confiée par S. M. l'Empereur des Français, « roi d'Italie, et de ne m'en servir que pour le maintien de l'ordre « et de la tranquillité publique, de concourir de mon pouvoir à « l'exécution des mesures ordonnées pour le service de l'armée fran- « çaise, et de n'entretenir aucune correspondance avec ses ennemis. » L'année suivante, le traité de Tilsit, conséquence de la bataille de Friedland, régularisa l'œuvre de la conquête : le roi de Prusse, à qui il ne restait pas dix mille hommes de troupes, céda à la France tous les territoires compris entre l'Elbe et le Rhin, et qui constituèrent le royaume de Westphalie ; il renonça à toute la Prusse méridionale, à la nouvelle Prusse orientale, et à la partie de la Prusse occidentale qui fut érigée en duché de Varsovie ; enfin, il entra dans système du blocus continental. Le royaume était réduit de moitié. Il faut l'avouer : le patriotisme prussien devait se sentir profondément humilié, et de violents désirs de vengeance devaient s'amasser dans ces cœurs qu'exaltait encore le souvenir des exploits de Frédéric II. La reine Louise, qui avait le plus contribué à exciter son mari à la guerre, mourut de chagrin ; il n'y eut pas un Prussien qui ne gardât le secret espoir d'une éclatante revanche. Poussé par une espèce de fatalité, conséquence de sa position qui le mettait à la tête de la Révolution, pendant qu'il essayait de la diriger et de la contenir, Napoléon excitait des défiances et des hostilités universelles, et, pour les vaincre, il était obligé de leur fournir un nouvel aliment. La Prusse, jusqu'en 1806, avait été rapace et sans foi ; son humiliation la rendait intéressante ; l'Allemagne, humiliée en même temps qu'elle s'accoutumait à compter sur elle, sur son énergie, sur son esprit militaire pour se relever, et c'est ainsi que ses défaites mêmes contribuaient à la placer à la tête de cette Allemagne qu'elle voulait asservir.

Les faits se rapprochent de nous et sont connus : forcée de nous suivre en Russie, la Prusse profita de nos revers pour se séparer de nous. Dès le 30 décembre 1812, elle brisait l'alliance qu'elle avait été obligée de subir ; le 22 janvier 1813, le roi quittait Berlin et courait à Breslau, où il s'entourait des hommes les plus hostiles à la France ; Blucher était parmi eux. Le 3 février il faisait appel à la jeunesse qui se soulevait en masse ; le 27, il concluait un traité d'alliance avec le czar Alexandre. Lutzen et Bautzen arrêtèrent un moment nos ennemis ; mais le soulèvement des peuples prenait des proportions formidables ; toute l'Europe se tournait contre nous : le 31 décembre 1813, l'armée prussienne passa le Rhin sous les ordres de Blucher. Paris capitula : il n'était pas alors fortifié, et la France était épuisée par vingt ans de guerre, elle avait contre elle toute l'Europe.

Ce fut une immense curée faite aux dépens de la France, qui avait eu le tort de rompre à son profit l'équilibre européen, et contre qui on rétablissait un autre équilibre, qu'elle était bien forcée d'accepter, mais qui devait être une cause incessante de malaise pour elle, et par conséquent d'inquiétude pour l'Europe. L'épisode des Cent-Jours ne fit que rendre sa position plus pénible : heureuse fut-elle alors de trouver dans le respect qu'elle inspirait encore, et dans la noble fierté des descendants de ses anciens rois, des remparts qui empêchèrent un morcellement fatal !

Si l'Europe respecta la France écrasée sous une avalanche de près de deux millions de soldats, ce ne fut pas la faute de la Prusse, qui poussait au démembrement du royaume, et qui se fit la part du lion. Pour elle, il n'y avait pas dans la France une noble vaincue, dont l'existence est nécessaire à l'équilibre de l'Europe et à la civilisation du monde, et un peuple généreux qu'il était injuste de rendre responsable, au point de l'anéantir, des fautes et de l'ambition d'un avide conquérant et des excès commis par une minorité que la nation répudiait tout entière ; pour la Prusse, il y avait dans la France une magnifique proie, et elle entendait bien ne pas perdre cette occasion de s'agrandir. On la contint, mais elle n'en eut pas moins un gros morceau à dévorer. Contrainte de renoncer à l'Alsace, qui restait française, et à la Saxe, que la France l'empêcha d'absorber (la Saxe s'en souvient-elle ?), elle se contenta de la Poméranie suédoise, d'une partie du royaume saxon et de ces belles provinces rhénanes, qui valent à elles seules un royaume, avec Saarlouis et plusieurs autres districts sur la Saar, qui faisaient partie de l'ancienne France de Louis XIV. Ces provinces étaient séparées de la vraie Prusse par plusieurs États : qu'importait à la Prusse ? Elle avait ses avant-postes au delà du Rhin ; elle comptait bien les relier un jour au reste de cette monarchie, qu'elle allait transformer en un camp immense ; 1815 préparait 1866.

La Prusse conservait à peu près la même étendue qu'avant ses désastres de 1806, mais elle avait une population beaucoup plus considérable, et, avec la province du Rhin, elle possédait un pays riche et populeux, des villes considérables, et avait une position très-forte en Allemagne ; enfin elle était une des cinq grandes puissances de l'Europe : elle marchait de pair avec la Russie, l'Angleterre, l'Autriche et la France. Quoiqu'elle n'eut guère qu'une population de quatorze millions d'âmes, elle était l'une des premières puissances militaires, grâce à l'organisation qu'elle se donna aussitôt après 1815, et qui faisait dire à Blucher : « Chez nous, on ne sait pas où « le bourgeois finit et où commence le soldat. »

Frédéric-Guillaume III, pour soulever la jeunesse allemande, avait promis à ses peuples des institutions libérales qu'il ne se pressa pas d'établir ; il avait raison, sans doute, de ne pas céder aux exigences révolutionnaires, mais il eût pu combattre ces exigences sans con-

.ver les institutions absolutistes qui mettaient à la disposition d'un
.ul homme les forces actives de toute une nation. C'était une suite
. la politique traditionnelle : une représentation nationale sérieuse
.t rendu impossible cette concentration de pouvoir qui est une con-
.tion du gouvernement dans les monarchies conquérantes.

La révolution de 1830 montra que le gouvernement prussien
.ait toujours le même caractère : violant la neutralité sur laquelle
.nsurrection polonaise avait compté, le roi de Prusse laissa les
.oupes russes se ravitailler à l'aide de ses magasins, et les vais-
.aux de la Russie purent débarquer des approvisionnements à
.antzig. Les bourreaux de la Pologne continuaient de s'entendre
.ur tenir leur victime sous le talon de leurs soldats, et la Prusse,
.ui prétendait émanciper l'humanité par sa philosophie, par l'ex-
.nsion qu'elle donnait à l'instruction primaire, par l'appui qu'elle
.rêtait au protestantisme, par la protection qu'elle accordait à la
.anc-maçonnerie, la Prusse livrait au knout moscovite la partie de
. Pologne qu'elle n'opprimait pas elle-même, en même temps qu'elle
.rétendait imposer aux catholiques des provinces rhénanes et du
.uché de Posen des lois que repoussait leur conscience. L'arres-
.tion des archevêques de Cologne et de Posen apprit au monde
.e qu'il fallait penser du libéralisme prussien et de sa tolérance;
.le montre aux catholiques ce qu'ils auraient à attendre d'elle, si
.le triomphait dans la grande lutte qui tient aujourd'hui toute la
.rre attentive.

Trois des enfants de Frédéric-Guillaume III doivent être ici nom-
.és : le premier est Frédéric-Guillaume IV, qui lui succéda immé-
.iatement; le second Frédéric-Guillaume-Louis, qui est aujourd'hui
.oi de Prusse; le troisième est l'impératrice de Russie, femme de
.icolas. Remarquons ce titre, qui nous montre la Prusse étroitement
.nie à la Russie, comme un peu plus tard elle s'est unie à l'Angle-
.erre par d'autres alliances nationales, alliances qui tourneraient
.aturellement contre la France les sentiments des trois grandes
.uissances hostiles au catholicisme.

Frédéric-Guillaume IV fut un prince honnête homme, instruit,
.ienveillant, qui forme comme une exception dans cette série de
.rinces ambitieux et rapaces que son frère Guillaume Ier n'a pas
.anqué de continuer. Il était sincèrement pieux, et il s'est donné,
.endant la commotion qui a suivi la révolution de 1848, l'honneur
.e refuser la couronne impériale qui lui était offerte; mais la tenta-

tion avait été forte, et l'on peut croire que, depuis ce jour, son frère Guillaume songea plus d'une fois à cette couronne qu'il ceindrait bientôt, si, ce qu'à Dieu ne plaise, la France devait succomber dans la lutte qu'elle soutient pour son honneur, pour sa sécurité, pour l'intégrité de son territoire, pour l'indépendance de l'Allemagne et pour l'équilibre de l'Europe.

D'ailleurs, le pacifique Frédéric-Guillaume IV ne renonça pas pour cela au testament de Frédéric II; c'est pendant son règne que se fit la plus active préparation de l'union de l'Allemagne sous le sceptre des Hohenzollern. La confédération germanique avait deux têtes : l'Autriche et la Prusse; l'Autriche, qui en avait la présidence d'honneur; la Prusse, qui en était la partie la plus entreprenante. Pour arriver à l'unité politique, la Prusse établit d'abord l'unité commerciale à son profit, et alors s'établit cette union douanière, *Zollverein*, qui engloba peu à peu tous les Etats de la confédération, à l'exception de l'Autriche, des deux duchés de Mecklembourg, Strélitz et Schwerin, et des villes hanséatiques, Brême, Lubeck et Hambourg. La Prusse, État le plus important du zollverein, accoutumait ainsi l'Allemagne à l'unité qu'elle projetait. L'action de cette union commerciale avait déjà été assez active en 1849 pour qu'on songeât à restaurer l'empire d'Allemagne en faveur de la Prusse. Depuis cette époque, l'antagonisme entre les deux grandes puissances allemandes éclata à tous les yeux, et l'on prévit une lutte qui aboutirait à la suprématie définitive de l'une ou de l'autre.

Avant l'heure suprême du conflit, la Prusse masqua habilement son jeu, et eut même le talent de faire servir l'Autriche à ses projets d'agrandissement. Le Danemark ne l'a pas oublié, et l'Autriche, qui a montré tant de complaisance vis-à-vis de la Prusse quand il s'est agi de mettre la main sur le Slesvig et sur le Holstein, doit comprendre maintenant ce que vaut l'alliance prussienne, et ce que valent les promesses des Hohenzollern.

Pendant la grande guerre contre la Russie, qui a occupé les années 1854, 1855 et 1856, les sympathies de la Prusse furent toutes pour le czar Nicolas; lors de l'expédition d'Italie, en 1859, ce fut la Prusse qui nous empêcha de compléter nos succès. La Prusse avait encore besoin de l'Autriche, et, sans doute, dans la prévision de son futur empire, elle ne voulait pas que le fameux quadrilatère fût perdu pour l'Allemagne. L'imminence d'une diversion arrêta l'empereur Napoléon III. Qui pourra dire ce qui serait advenu

e programme napoléonien avait été complétement rempli ? L'in-
endance de l'Italie étant assurée, il eût peut-être été plus facile à
pereur d'imposer aux Italiens le respect de l'autonomie des
rs États de la Péninsule, qui auraient formé une puissante con-
ration, forte contre un agresseur, mais incapable à son tour de
dre une position agressive. Pour nous, catholiques, nous aimons
nser que la France victorieuse, après avoir brisé l'excessive
ondérance de l'Autriche en Italie, aurait défendu avec plus
ergie l'Italie elle-même contre les abominables projets de la Ré-
tion, et, dans tous les cas, lorsque la Prusse voulut expulser
triche de l'Allemagne, elle n'aurait pas pu attacher l'alliance ita-
ne par la promesse de la Vénétie. Cela ne s'est pas fait, parce
la Prusse avait pris une attitude menaçante, et le gouvernement
çais, qui venait d'accomplir une œuvre qui pouvait être avouée
la bonne politique, s'il avait signifié au Piémont que ce n'était
our son agrandissement ni pour le triomphe de la Révolution
l avait sacrifié les trésors et le sang des enfants de la France, le
vernement français, disons-nous, a laissé faire cette unité ita-
ne qui justifiait d'avance l'unification prussienne de l'Allemagne,
ui a paralysé sa politique en 1866.
a Prusse, elle, savait bien ce qu'elle faisait : ce n'était pas dans
térêt de l'Autriche qu'elle se préparait à faire diversion sur le
n, en 1859, c'était dans son propre intérêt, car cette diversion
it encore une fois la poser comme protectrice des intérêts alle-
nds. Elle y gagnait de plus l'alliance de l'Autriche, qu'elle sut
rner contre le Danemark.

IV

e règne de Frédéric-Guillaume IV se termine réellement en 1858,
rs que ce roi, tombé en enfance avant l'âge, fut reconnu inca-
le de tenir plus longtemps les rênes du gouvernement. Son
ne avait vu grandir la Prusse en population : elle comptait alors
iron 18 millions d'habitants ; qu'on se rappelle que Fré-
ic Iᵉʳ, en 1701, n'en avait pas 2 millions, et l'on verra que
croissement normal de la Prusse paraissait devoir être un dou-
ment par chaque demi-siècle :

Au commencement du xviiᵉ siècle. . . . 2 millions.
Au milieu du même siècle. . . . . 4 millions.
Au commencement du xixᵉ siècle . . . . 8 millions et demi.
Au milieu du même siècle. . . . . 18 millions.

Cette croissance seule était de nature à faire réfléchir l'Europe. Si l'on songe que, dix ans après la mort de Frédéric-Guillaume IV, les annexions violentes de la Prusse ont porté la population du royaume proprement dit de 18 millions à 24 millions, que la population totale de la Confédération du Nord, placée sous la main de la Prusse, est de 29 à 30 millions ; enfin, qu'avec cette confédération et les Etats du Sud, qui sont également liés à la Prusse par des conventions militaires, le roi Guillaume dispose de toutes les ressources d'un pays où l'on compte environ 37 millions d'habitants, l'on verra s'il est temps d'arrêter une puissance dont les forces, déjà si considérables, ont doublé encore une fois en une seule décade d'années.

Un seul agrandissement territorial et de peu d'importance, s'accomplit pendant le règne de Frédéric-Guillaume IV : le 7 décembre 1849, les deux princes de Hohenzollern-Sigmaringen et de Hohenzollern-Hechingen abdiquèrent la souveraineté de leurs États en faveur de la Prusse, à la condition qu'ils seraient considérés comme membres de la famille royale. Le dernier de ces princes est actuellement lieutenant général au service de la Prusse ; le premier, Charles-Antoine, né en 1811, est fils du prince Charles de Hohenzollern-Sigmaringen, et de la princesse Antoinette-Marie, fille du roi Murat. Le prince Charles-Antoine a, entre autres enfants, deux fils aujourd'hui célèbres : le prince Charles, devenu, en 1866, prince régnant de la Roumanie, et son aîné le prince Léopold, né en 1835, marié en 1861 à la princesse Antonie, sœur du roi du Portugal, et qui, en acceptant la couronne d'Espagne, à laquelle il devait sitôt renoncer, a mis aux prises la France et la Prusse.

Avec Guillaume Iᵉʳ a recommencé l'ère des agrandissements de la Prusse. Ce prince est né le 22 mars 1797 ; en 1856, l'affaiblissement des facultés intellectuelles de son frère l'appela à prendre une grande part au gouvernement ; le 7 octobre 1858, il fut nommé régent ; le 2 janvier 1861, il devint roi par la mort de son frère. Il avait pris part aux campagnes de 1813, 1814 et 1815 contre la France. A la cour de son frère, il passait pour le soutien des doctrines absolutistes, ce qui le força de chercher un refuge en Angleterre lors des événe-

ts de 1848. Ayant pu revenir au bout de quelques mois, il fut
rgé, en 1849, de comprimer les mouvements révolutionnaires
s le grand-duché de Bade, et il réussit. En 1854, il devint le
sident de toutes les loges de la franc-maçonnerie prussienne,
e qui peut expliquer bien des sympathies, que la Prusse avait parmi
s, mais que le patriotisme a heureusement étouffées. Devenu roi,
aissa, dès les premières paroles qu'il prononça, percer des inten-
s belliqueuses que l'avenir s'est chargé de réaliser. Toutes ses
sées se tournèrent vers l'organisation militaire de la Prusse, et,
ur arriver à son but, il ne craignit pas de comprimer vigoureuse-
at les velléités d'indépendance qui se manifestaient dans les
ambres prussiennes. Il marcha à grands pas vers ce but, lorsqu'il
 sous la main les deux instruments les plus nécessaires : un
iistre habile et un grand stratégiste. Il trouva le premier dans le
ate de Bismarck-Schœnhausen, appelé à la présidence du conseil
 ministres en 1862, et le second dans le général baron de
ltke, qui avait déjà dressé en 1859, comme chef de l'état-major
issien, le plan d'une expédition contre la France, plan qui ne
fère sans doute pas sensiblement de celui de 1870.

Guillaume, Bismarck et Moltke, triumvirat funeste à l'Autriche et
Allemagne, et dont la France brisera la puissance, il faut l'espérer.
Guillaume, dont l'ambition ne connaît pas de bornes, éperonné par
second et trop admirablement servi par le dernier, est persuadé
e rien ne peut plus désormais lui résister. Vainqueur de l'Autri-
e, il compte bien vaincre la France, et ajouter les lauriers d'un
uveau Waterloo à ceux de Sadowa. Bismarck, le type du Prussien
i ne voit que la grandeur de son pays, et qui est capable de tout
crifier à son idole : la bonne foi, les traités, l'honneur et des mil-
ns de vies humaines; Moltke, le militaire de sang-froid, qui com-
ne avec calme dans son cabinet les mouvements des armées et qui
s fait arriver, à un moment donné, sur un point donné, avec la
écision mathématique des mouvements astronomiques. Mais les
us insolents succès ont leur terme, les plus habiles combinaisons
 trouvent soudainement déjouées par d'autres combinaisons qu'on
avait pas prévues et par l'héroïsme de soldats qui ne savent pas
ir et qui n'ont jamais tremblé, et, à la fin, les perfidies diploma-
ques et les mensonges politiques soulèvent la réprobation de l'o-
nion publique, qui est une force morale immense pour les défen-
urs de la bonne cause.

Nous n'avons pas à raconter ici cette foudroyante campagne de 1866, qui expulsa l'Autriche de l'Allemagne, qui donna la Vénétie à l'Italie, et qui mit sur la frontière orientale de la France une puissance disposant de 36 millions d'âmes au lieu de 18 millions. Personne n'a oublié avec quelle perfidie l'Autriche fut jouée par cette alliée avec laquelle elle venait de combattre contre le Danemark; avec quelle infernale habileté la Prusse se donna les dehors de la modération, tandis qu'elle préparait une formidable invasion dans les États de sa rivale; avec quel cynisme odieux elle se jeta, sous prétexte de se défendre contre une puissance qui ne songeait pas à l'attaquer, dans cette guerre fratricide qui ensanglanta l'Allemagne; avec quel sans-façon de Vandale elle s'empara de la ville libre de Francfort, du grand-duché de Hesse-Cassel, du royaume de Hanovre, et s'adjugea définitivement le duché de Slesvig, le duché de Holstein et le duché de Lauenbourg; avec quelle impudence elle détruisit, pour la reformer à son profit, cette confédération germanique dont elle paraissait prendre en main la cause. Ces faits sont d'hier : les blessures de l'Autriche ne sont pas encore cicatrisées, l'Allemagne frémit sous le joug qu'on lui a si violemment imposé, et, depuis 1866, l'Europe n'a pas connu un seul moment de paix véritable : son équilibre rompu ne lui permettait pas le repos, le désarmement était impossible, et tous les États se trouvèrent forcés de faire les plus grands sacrifices en hommes et en argent pour se trouver prêts au moment où éclaterait l'épouvantable guerre que tout le monde considérait avec raison comme inévitable.

La France intervint après la bataille : hélas! c'était trop tard. Tout ce qu'elle put faire, ce fut d'atténuer en quelques points les terribles conséquences de la victoire prussienne en faisant du Mein une ligne de démarcation entre l'Allemagne prussienne et l'Allemagne indépendante, en maintenant l'indépendance au moins nominale de la Saxe, en sauvegardant l'intégrité de l'Autriche, à l'exception de la Vénétie, et en donnant au Danemark l'espoir de recouvrer quelques districts du Nord-Slesvig. Mais on sait que déjà la Prusse avait franchi le Mein au moyen de conventions secrètes qui lui remettaient les forces militaires des États du Sud, et que, jusqu'ici, elle a toujours éludé l'accomplissement du traité de Prague en ce qui concerne le Slesvig. La Prusse trouve que ce qui est bon à prendre est bon à garder : l'aigle prussienne dévore tout ce qui tombe dans ses serres, il n'y a que la force qui puisse lui faire lâcher sa proie.

Veut-on savoir ce que Sadowa a fait gagner à la Prusse, que l'on compare la Prusse du 1er janvier 1866 à la Prusse du 1er janvier 1867.

Au 1er janvier 1866, la Prusse se composait de huit provinces, de deux ou trois petits pays récemment acquis. Les huit provinces étaient :

1. La Prusse proprement dite, avec Kœnigsberg pour capitale.
2. Le duché de Posen, pris à la Pologne.
3. La Poméranie, prise à la Suède, avec Stettin pour capitale.
4. Le Brandebourg, avec Berlin, capitale de tout le royaume.
5. La Silésie, prise à l'Autriche, avec Breslau pour capitale.
6. La Saxe, prise au royaume de Saxe, avec Magdebourg pour capitale.
7. La Westphalie, capitale Munster.
8. La province du Rhin, capitale Coblentz.

Les récentes acquisitions étaient :

1. Le petit pays de Hohenzollern, avec ses deux villes : Hachingen et Sigmaringen.
2. Les deux petits territoires du Jahde, à droite et à gauche de l'embouchure du fleuve de ce nom, dans l'Oldenbourg.

L'ensemble possédait une population d'environ 18 milions d'habitants.

Un an se passe, et la Prusse s'incorpore, par les moyens que l'on sait :

1. Le royaume de Hanovre, 1,900,000 habitants.
2. Le grand duché de Hesse-Cassel.
3. Le duché de Nassau.
4. Le landgraviat de Hesse-Hombourg.
5. La ville libre de Francfort.
6. Le Luxembourg.
7. Le Holstein, que l'Autriche occupait depuis 1864.
8. Le Slesvig, qu'elle occupait depuis 1864.
9. Quelques cantons de la Bavière rhénane.

L'ensemble de ces acquisitions augmente sa population de plus de 5 millions d'habitants. Mais ce n'est pas tout : brisant l'ancienne confédération germanique, elle a formé une nouvelle confédération dite de l'Allemagne du Nord, dont le roi de Prusse est le président-né, et dont les représentants se réunissent à Berlin. Ce sont d'autres annexions déguisées, qui mettent au service de la Prusse vingt et un États, savoir :

1. Le royaume de Saxe.
2. Le grand-duché de Hesse-Darmstadt (pour la partie située au nord du Mein).
3. Le grand-duché de Mecklembourg-Schwerin.
4. Le grand-duché de Mecklembourg-Strélitz.
5. Le grand-duché de Saxe-Weimar.
6. Le grand-duché d'Oldenbourg.
7. Le duché de Brunswick.
8. Le duché de Saxe-Meiningen.
9. Le duché de Saxe-Altenbourg.
10. Le duché de Saxe-Cobourg-Gotha.
11. Le duché d'Anhalt.
12. La principauté de Schwartzbourg-Rudolstadt.
13. La principauté de Schwartzbourg-Sondershausen.
14. La principauté de Waldeck.
15. La principauté de Reuss-Greitz.
16. La principauté de Reuss-Géra-Ebersdorf.
17. La principauté de Lippe-Schaunbourg.
18. La principauté de Lippe-Detmold.
19. La ville libre de Lubeck.
20. La ville libre de Brême.
21. La ville libre de Hambourg.

Ce sont encore 6 millions d'ajoutés à la population dont la Prusse dispose, et cela porte la population totale de la confédération à environ 30 millions d'âmes.

Est-ce tout ? Non, car pendant qu'un ministre français, au mois de septembere 1866, inventait, pour rassurer l'opinion publique justement alarmée, la théorie des grandes agglomérations, et qu'on cherchait à montrer que l'équilibre n'était pas rompu d'une manière trop dangereuse, parce que l'ancienne confédération germanique formait trois tronçons, l'Allemagne du Nord, l'Allemagne du Sud, et les États autrichiens, M. de Bismarck, par des traités secrets qui ne furent connus que l'année suivante, avait déjà englobé l'Allemagne du Sud dans le système prussien, au moins au point de vue militaire, et placé toutes les forces de la Bavière, de la Hesse méridionale, du Wurtemberg, de Bade et de Liechtenstein, c'est-à-dire les forces d'une population de près de 5 millions d'âmes.

Ainsi la Prusse, qui disposait au 1er janvier 1866, d'une popula-
on de 18 millions d'âmes, disposait, au 1er janvier 1867, d'une
pulation de plus de 35 millions d'âmes ; sa puissance s'était doublée
moins d'un an, et l'on pouvait dire : l'Allemagne est faite. La
arche était du reste toute tracée : le royaume de Prusse proprement
t, formant désormais un tout compacte, allait complétement prussi-
r les États de la confédération et leur enlever toute autonomie ;
ndant que ce travail s'accomplirait, des traités feraient entrer
Allemagne du Sud, déjà liée au point de vue militaire et faisant
jà partie du Zollverein, dans la confédération du Nord, et cela fait,
ne fallait plus qu'une guerre avec l'Autriche pour placer sous le
eptre des Hohenzollern, empereurs d'Allemagne, le reste des pays
rmains.

Et alors l'empereur d'Allemagne, avec 50 millions de sujets qui
i fourniraient 2 millions de soldats exercés, sans compter une ré-
rve de 2 autres millions, serait en état de dicter la loi à l'Europe :
aurait des ports de mer sur la Baltique, sur la mer du Nord et sur
Adriatique ; il absorberait le Danemark et la Hollande, il revendi-
ierait les provinces allemandes de la Russie, il reprendrait le Luxem-
urg, la Lorraine et l'Alsace, il démembrerait la Suisse, et, ressuscitant
s vieilles prétentions des anciens empereurs, il étendrait la main sur
talie. C'est le rêve des Hollenzollern, on n'en peut douter : que la
usse soit victorieuse dans sa lutte contre la France, et l'on verra s'il
t possible de l'arrêter, à moins d'une coalition générale qui ensan-
antera l'Europe entière. Exaltée par le succès, constituée en un seul
rps sous le sceptre de fer de la Prusse, et formant au centre de
urope un immense camp de 4 à 5 millions de soldats, la race ger-
anique n'aspirerait à rien moins qu'à l'empire universel, et pour résis-
r à cette nouvelle invasion, ce ne serait pas trop d'armer tous les
mmes valides de dix-huit à cinquante ans.

Voilà donc où aboutirait le progrès moderne, voilà où nous ont
jà presque conduits ces belles et absurdes théories des nationalités,
s grandes agglomérations de races, de non-intervention, de libé-
lisme, et cet abandon funeste de la politique chrétienne. L'Europe
vilisée, l'Europe, fière de ses arts, de sa littérature, de sa science,
s merveilleux progrès de son industrie, de l'étonnante extension de son
mmerce, de ses chemins de fer, de ses télégraphes électriques, de
us ces progrès dont elle s'enivre depuis un siècle, l'Europe, à force
progrès, recule en arrière jusqu'à cette époque de barbarie où il

faut que tout homme se protége lui-même, où la force est le seul droit reconnu et respecté. La barbarie n'est plus possible, crie-t-on de toutes parts, la guerre est un anachronisme, la mort des religions sera l'ère de la fraternisation de tous les peuples, et les progrès de la science tueront les croyances religieuses, et voici que la barbarie nous revient apportée par une nation dont la civilisation ne le cède à aucune autre, voici que les triomphes de cette nation civilisée, libérale et protestante nous ramènent à l'état de guerre perpétuelle, voici que le monde éprouve des calamités et des terreurs qui paraissent en exacte proportion avec les progrès de l'erreur, de l'indifférence religieuse et de la politique antichrétienne.

Il y a là des leçons qui ne devraient être perdues pour personne : pour nous, quand nous considérons que la Providence les donne à la société chrétienne, au moment même où elle nous ménage, par la réunion d'un concile œcuménique, une plus éclatante diffusion de la vérité et une restauration des vrais principes, nous ressentons plus d'espérances que de craintes, et nous voyons dans les insolents triomphes de la force brutale et d'une politique sans conscience et sans foi, un enseignement qui fera rentrer la politique dans les voies que lui montre l'Église catholique, mère de l'Europe chrétienne, gardienne incorruptible de la vérité et de la justice, et à laquelle il faudra bien revenir si l'on veut être sauvé.

V.

Quelles sont donc les causes qui ont contribué à rendre la Prusse si puissante? Nous en avons énuméré quelques-unes, et les *Matinées royales* de Frédéric II ont déchiré bien des voiles. Mais la perfidie et le manque de confiance ne sont pas des causes directes de force : la persévérance des Hohenzollern dans leurs desseins, le courage naturel de leur peuple, sont deux autres causes dont il faut tenir grand compte ; il faut y ajouter la puissance de l'opinion, qui n'a pas moins fait pour la Prusse que ses fusils à aiguille et son organisation militaire.

Dès les premiers temps, les Hohenzollern acquirent une grande influence en Allemagne, en ayant l'air de se mettre au service de la réforme protestante, qui n'était pour eux qu'un instrument de puissance. Cette position les mit en antagonisme avec les empereurs d'Allemagne, et les rendirent l'espoir des réformés, en même temps qu'elle leur valut les sympathies de l'Angleterre. A la fin du xvii⁰ siècle, en accueillant les protestants français comme le faisait la Hollande, elle se donna comme le refuge des persécutés, et cette humanité, dont elle faisait parade, tout en augmentant sa population, attira chez elle un certain nombre de savants, d'érudits et de littérateurs qui commencèrent à lui donner le lustre d'une civilisation avancée. Au xviii⁰ siècle, elle accueillit les philosophes, et comme c'étaient ces beaux esprits qui donnaient alors le ton et qui faisaient la popularité, la Prusse devint l'objet, surtout sous le *grand Frédéric*, d'une admiration aussi universelle qu'elle était absurde.

Au xix⁰ siècle, appuyée sur le protestantisme, forte de l'influence que ses philosophes lui donnaient sur les intelligences, favorisée par la franc-maçonnerie, qui voyait en elle un instrument précieux pour la ruine du catholicisme, soutenue par l'illuminisme allemand qui emportait les âmes dégoûtées du matérialisme philosophique, elle se trouva tout à coup à la tête de l'Allemagne dans la grande guerre de l'indépendance, et, comme elle était protestante et incrédule, elle acquit, malgré ses institutions aristocratiques, la réputation d'une nation libérale, parce qu'elle n'était pas une nation catholique.

Et c'est ainsi qu'en 1866 la Prusse, qui n'avait contre elle que les vrais catholiques et cet instinct populaire dont les divinations ne sont pas assez souvent consultées, se trouvait soutenue en Allemagne, et même en Autriche, et dans toute l'Europe, en France, en Espagne, en Italie, par toutes les forces du libéralisme : protestants, francs-maçons, libéraux, juifs, incrédules de toutes les nuances, tous faisaient des vœux pour le succès de la Prusse, qui comprimait cependant les institutions parlementaires, tandis que l'Autriche venait d'entrer à pleines voiles dans ce régime libéral où elle croyait trouver son salut. C'est que tous sentaient que l'humiliation de l'Autriche serait un coup de plus porté à l'influence politique du catholicisme ; la haine du catholisisme réunissait dans un même sentiment les hommes les plus opposés au militarisme, et chez nous faisait taire les réclamations du patriotisme, qui voyait dans l'agrandissement de la Prusse un danger prochain pour la France, dans l'humiliation de l'Autriche la ruine de l'équilibre européen, et dans l'élévation d'une puissance protestante un échec à l'influence française.

Cet engouement pour la Prusse, inspiré par la haine du catholicisme, datait de loin. Sans remonter jusqu'à Voltaire, il suffit, pour avoir une idée de cet aveuglement produit par la haine religieuse, de relire une notice sur la Prusse, écrite en 1842, par un membre de l'Institut, maître de conférences à l'École normale, ce qui donne la clef de bien des dangers de l'enseignement historique, tel qu'il était hier encore, et peut-être aujourd'hui, dans les chaires de l'université (1). Après avoir montré les agrandissements rapides de la Prusse et signalé l'ambition qui la poussait déjà visiblement à l'empire de l'Allemagne, le membre de l'Institut écrivait cette justification insensée des futures violences des Hohenzollern :

« Qu'on ne croie pas que la France soit intéressée à prévenir les démarches de la Prusse; cette puissance ne pourrait se mettre à l'œuvre qu'après avoir rompu avec nos ennemis, en acceptant pour elle les principes qui nous régissent. Malgré toute la différence du génie des deux nations, l'Allemagne est destinée à vivre en paix avec nous; *la Prusse est notre alliée naturelle* (?), comme elle est notre rivale en lumières, en vigueur, en mobilité, en bonne administration. Seulement, fortifiée par son protectorat sur l'Allemagne entière (on sait ce qu'est devenu le protectorat), elle devrait nous abandonner enfin, pour nous rassurer contre ses envahissements, ces provinces de la rive gauche du Rhin, si nécessaires à notre défense du côté de l'est et du nord-est... La cause de l'unité deviendra populaire, et alors elle triomphera... Ce qu'il y a de bien certain, c'est que *la Prusse ne peut pas rester telle qu'elle est*. Aucune grande chaîne de montagnes, aucune barrière naturelle de premier ordre ne protége son territoire, mal distribué, pour ainsi dire contrefait, et limitrophe de la Russie, de la France et de l'Autriche... Il en résulte que, moins encore par ambition que dans l'intérêt de son indépendance et de sa conservation, *il faut nécessairement que la Prusse cherche à s'arrondir.* »

Mais pourquoi la Prusse doit-elle nécessairement chercher à s'arrondir, pourquoi n'a-t-elle pas de frontières naturelles, pourquoi est-elle contrefaite? L'historien ne se demande pas si ce n'est point la faute de la Prusse qui a franchi ses frontières naturelles, qui a occupé des provinces séparées d'elle par d'autres États; la Prusse, par suite de ses premières usurpations, est entraînée dans une voie

____

(1) Ph. le Bas, *la Prusse*, dans *l'Univers pittoresque*.

d'usurpations nouvelles, cela suffit à l'historien qui voit grandir
avec plaisir cette effrayante puissance militaire, qui a pour lui
l'avantage d'être protestante, et qui croit naïvement que tout sera
sauvé, si la Prusse « a le courage de devenir constitutionnelle. »
Alors tout sera pour le mieux, et l'historien libre penseur applaudira
d'avance à la formation de cette confédération du Nord, que nous
voyons à l'œuvre, et dont il n'avait pas prévu le caractère. « Avec
une bonne constitution où, dit-il, serait sagement déterminée la part
de puissance exécutive que réclame l'établissement de l'*unité allemande*, et la part de liberté que réclament les lumières et les
mœurs de la race germanique, la Prusse ferait plus de besogne en
un jour qu'elle n'a pu en faire depuis quinze ans, malgré toute l'habileté de ses diplomates. Ce n'est pas une entreprise aussi difficile
qu'on pourrait le croire : il ne s'agit que de trouver une formule
générale, qui réunisse les principaux avantages des constitutions
régissant aujourd'hui un grand nombre d'États allemands. Nous ne
croyons pas que cette entreprise soit au-dessus de l'intelligence du
gouvernement prussien, qui déjà plusieurs fois a pris, à cet égard,
des engagements sacrés. » M. de Bismarck n'a pas suivi d'autre
programme : il a fait très-large la part de la puissance exécutive,
très-étroite celle de la liberté, il a trouvé la formule générale et il
a réuni toute l'Allemagne en un seul corps qui menace la liberté de
tous les peuples voisins. C'est ainsi que s'est vérifiée, d'une façon
cruellement inique, ce que dit le même historien, après avoir exhorté
la Prusse à devenir constitutionnelle : « Il y a là pour elle une
question de vie ou de mort : alternative heureuse non-seulement
pour l'Allemagne, mais encore pour la France. » O profonds politiques, qui pouvez vous réjouir ainsi des agrandissements d'une
puissance essentiellement militaire, et qui ne doit son existence et
sa force qu'à l'apostasie, à la trahison, à l'ingratitude et aux plus
iniques spoliations !

Au moins, l'historien qui s'abusait ainsi en 1842, n'avait pas
assisté aux derniers et insolents triomphes de la force ; il n'avait pas
entendu le roi de Prusse justifier ses attentats sur l'Allemagne, une
guerre fratricide et d'abominables rapines par ces cyniques paroles,
dignes de son ancêtre Frédéric : « L'histoire ne s'arrête pas ! » Que
penser de cette presse *française* de 1866 qui était pour la Prusse
contre l'Autriche, lorsque tous les torts étaient si évidemment du
côté de la Prusse ? Que penser de ces publicistes, qui même après

Sadowa, même après tous les développements qu'ont pris les conséquences de Sadowa, même en 1870, avant la guerre, toutefois, écrivaient encore : « Faut-il repousser les conséquences de Sadowa et souhaiter que l'unité de l'Allemagne ne puisse s'achever? J'entends parfois, en France, exprimer ces regrets et ces vœux par des hommes éclairés et justes, mais je crois que ces sentiments ne leur sont inspirés que par un patriotisme malentendu (1). » L'écrivain belge, qui ne voudrait pas que la France complétât l'unité française par l'annexion des provinces wallonnes, nous dit, quelques lignes plus loin, pourquoi ses sympathies sont du côté de la Prusse :

« Regretter Sadowa ! s'écrie-t-il. Mais a-t-on réfléchi à ce qui serait arrivé si l'Autriche avait été victorieuse? *C'était le triomphe des idées ultramontaines et des principes du concordat*, l'asservissement de l'Italie et de la Hongrie, l'écrasement de la liberté, le rétablissement du système de Metternich, c'est-à-dire l'Allemagne dominée par les régiments croates et hongrois, et tout l'orient de l'empire opprimé au moyen des régiments allemands. La défaite de Kœniggrætz, a été une délivrance pour tous les peuples de l'Autriche. Tous, depuis ce jour, ont pu espérer reconquérir leurs libertés, et aucun d'eux, pas même Vienne, ne regrette le coup de la destinée qui a brisé le joug commun. »

C'est clair : on applaudit Sadowa parce que cette bataille a été la défaite du catholicisme, parce qu'elle a été la victoire du libéralisme bâtard qui appelle liberté tout ce qui est anticatholique, même quand les nationalités sont indignement foulées aux pieds; quand des villes libres sont violemment incorporées dans une monarchie militaire; quand, pour soutenir une telle domination, tout homme valide est obligé, au premier appel, de quitter sa femme, ses enfants, ses affaires, pour prendre un fusil et aller se faire tuer!

Les paroles du publiciste belge mettent en évidence la force morale que le libéralisme a donnée à la Prusse dans sa guerre contre l'Autriche. Le protestantisme ne faisait pas des vœux moins ardents

(1) Émile de Laveleye, *la Prusse et l'Autriche depuis Sadowa*. Paris, 1870. Ceux qui reliront une brochure publiée en 1860, sous ce titre : *La Prusse en 1860*, par M. About, à qui les premiers revers du mois d'août 1870 ont inspiré des pages si violentes contre le souverain que sa plume avait si longtemps et si servilement adulé, reconnaîtront que l'engouement pour la Prusse était universel dans le camp de la libre pensée ; il en reste encore quelque chose.

r le triomphe de la même cause, et il faut être tout à fait étran-
aux grands mouvements d'opinion de notre temps pour ignorer
el point s'est resserrée l'alliance de tout ce qui est anticatholique,
ralisme, protestantisme, révolution, franc-maçonnerie, avec
lle fidélité la presse de tous les pays, surtout celle de l'Allema-
, qui est entre les mains des juifs, des protestants et des incré-
es, sert cette alliance et favorise les entreprises de tous les enne-
de l'Église. Ce n'est certainement pas nous qui refuserons à
lemagne le droit de recouvrer l'unité qu'elle possédait, d'une fa-
conforme à sa nature et à ses traditions, avant la réforme pro-
anté, qui a été la cause de ses abaissements ; mais l'unité natio-
e allemande n'est pas l'unité prussienne, l'unité d'un grand peuple
veut être en état de repousser toute attaque n'est pas l'unité
taire d'un pays qui veut absorber ou dominer les autres. La ré-
ne protestante, en divisant l'Allemagne en deux camps, a entraîné
hute de l'empire ; nous ne pensons pas que cette cause de ruine
sse être une cause de résurrection, et c'est précisément parce
e l'Allemagne prussienne et protestante serait une puissance
essive, que nous estimons d'un si grand intérêt pour l'Europe de
ser cette unité, sans s'opposer à la formation d'une autre qui
urait que des avantages, et pour l'Allemagne et pour les États qui
atourent.

Pour la France, le doute n'est pas possible. Puissance essentielle-
nt catholique et la première puissance catholique, quoi qu'elle
se ou quoi qu'elle veuille, la France ressent tous les coups qui
t portés au catholicisme. Heureuse position, qui fait des triom-
es de la vérité ses triomphes, et qui la met bon gré mal
au service de la plus sainte et de la plus noble des causes.
'elle serait grande si elle comprenait bien sa mission ! et que cou-
oles ou aveugles ont été ceux de ses gouvernants qui ont dirigé
as un autre sens, et quelquefois dans un sens contraire, l'activité,
génie, l'esprit de prosélytisme et le brillant courage de cet admi-
le peuple, qui s'appelle le peuple français ! Aujourd'hui que les
isions ne sont plus possibles, verra-t-on encore ce peuple catho-
ue entraîné dans des entreprises que le catholicisme condamne ?
pérons que non, et que cette guerre contre la Prusse, qui nous met
armes à la main pour l'humiliation d'une dynastie qui ne tend
'à sa propre grandeur par l'odieux emploi de la fourberie et de la
ce brutale, et dont le triomphe serait le triomphe du protestantisme

et du libéralisme incrédule, fera pour longtemps rentrer la France dans la voie de la vraie et bonne politique, de la politique chrétienne, qui l'a faite si grande autrefois et qui l'empêchera de déchoir.

Le libéralisme et le protestantisme, deux causes des succès de la Prusse dans sa campagne contre l'Autriche, qui, au lieu d'y opposer résolûment la doctrine catholique, crut pouvoir s'appuyer aussi sur le libéralisme, dont elle ne pouvait attendre que des trahisons.

Une troisième cause se trouve dans l'idée de nationalité, que la Prusse sut habilement faire valoir en sa faveur, idée légitime en elle-même, mais qui ne peut légitimer les guerres injustes et les conquêtes iniques; idée, d'ailleurs, que la Prusse, à peine allemande à son berceau, n'a pas le droit d'exploiter contre l'Allemagne proprement dite. Mais la Prusse savait bien que l'Europe serait désarmée devant cette idée, qui avait fait l'Italie, et que la Russie songeait aussi à appliquer au moyen du panslavisme. Et cette idée, si habilement exploitée par la Prusse, était presque forcément rejetée par l'Autriche, composée de tant de nationalités différentes, et qui eut la maladresse, grâce à l'impéritie de ses hommes d'État, de ne pas s'attacher à une idée plus haute, à l'idée religieuse, qui aurait bien pu laisser la Prusse à la tête de l'Allemagne protestante, mais qui aurait groupé autour d'elle l'Allemagne catholique; ce qui aurait suffisamment tenu en échec la Prusse, obligée de ménager le duché de Posen catholique et la province du Rhin catholique.

Les fautes politiques de l'Autriche ont plus fait pour le triomphe de la Prusse que l'infériorité de son armement et l'incapacité de ses généraux, et il faut bien convenir que les fautes politiques de la France n'ont pas été moins déplorables.

Le mal remonte à 1859, disons-le hardiment à notre pays qui est capable d'entendre la vérité, et qui se sent assez de force et de courage pour réparer enfin des fautes depuis si longtemps accumulées.

En 1859, la France a voulu chasser l'Autriche de l'Italie : il y avait à cela un véritable intérêt politique ; mais expulser l'Autriche, ce ne devait pas être introduire la révolution, et l'on aurait évité bien des ennuis, bien des désastres, si l'on s'était arrêté au programme impérial et aux préliminaires de Villafranca. L'Italie affranchie de l'influence oppressive d'une puissance étrangère, mais conservant ses princes et s'unissant dans une vaste confédération qui l'eût rendue invincible dans la défense, tout en la laissant faible pour l'at-

ue, c'était la satisfaction des désirs du vrai patriotisme ; en lais-
t la révolution se substituer à cette œuvre d'affranchissement, et
ité s'opérer au lieu de l'union, contrairement au génie de l'Italie,
trairement au vœu de l'immense majorité, contrairement au droit
on ne viole pas impunément, on a dérangé l'équilibre moral et
tériel de l'Europe. Le système des annexions violentes, faites au
n de l'idée, non plus au nom du droit, fut inauguré : on vit
minorité turbulente et incapable s'emparer du pouvoir, les
nces légitimes privés de leurs couronnes, le souverain Pontife dé-
illé des trois quarts de ses États.

Pour justifier sa tolérance et ses inexplicables complaisances, le
nqueur invoqua trois principes : le principe des nationalités, le
ncipe de non-intervention et le suffrage universel. Le suffrage uni-
sel, il était évident qu'il n'eût pas approuvé les changements
lemment imposés à l'Italie ; la non-intervention, on venait de
ler ce principe contre l'Autriche, on était obligé de le violer
ur conserver au Pape le reste de ses États, et n'était-il pas clair
e le principe des nationalités eût été aussi bien satisfait par une
nfédération que par l'établissement d'une violente unité, qui n'a
nais payé les complaisances du gouvernement impérial que par
plus révoltante ingratitude et par une hostilité qui ne se donne
s la peine de se dissimuler ?

Les principes posés produisent inévitablement leurs conséquences,
and on ne les répudie pas généreusement. A l'intérieur, les com-
isances pour la révolution italienne amenèrent les concessions gra-
elles du gouvernement à l'esprit du libéralisme, et bientôt à l'es-
t de révolution, et l'on fut peu à peu conduit aux extrémités que
us avons vues, jusqu'au vote plébiscitaire du 8 mai 1870. A l'ex-
ieur, la politique française eut les mains liées quand il s'agit de
pposer à des aventures semblables à celles de l'Italie. Que pou-
it-elle dire à la Prusse, qui prétendait former l'unité allemande
mme on avait formé l'unité italienne ? Comment pouvait-elle
pposer à des annexions semblables à celles qu'elle avait recon-
es ? Comment pouvait-elle réclamer contre des spoliations vio-
ntes, après avoir laissé dépouiller le Saint-Père malgré tant de
omesses formelles ? Aussi laissa-t-elle encore une fois faire : elle
issa encore une fois affaiblir l'Autriche, c'est-à-dire le contre-poids
la Prusse ; elle laissa affaiblir l'Autriche, qui devenait notre alliée
turelle depuis sa défaite de Solferino, et dont la solidité était si

nécessaire à l'équilibre européen ; en un mot, elle laissa faire la Prusse telle que nous la voyons, puis, effrayée des résultats d'une telle application de la non-intervention, elle inventa, comme nous l'avons dit, la théorie des grandes agglomérations et des trois tronçons. La Prusse profita de ces défaillances, faisant de grandes promesses avant, on doit le croire, et après, ne permettant pas de prendre un pouce du territoire allemand, même du territoire qui appartenait à la vieille France. Au reste, elle est clairvoyante ; elle savait bien que le cœur de la France était profondément blessé, et elle se prépara silencieusement à la lutte suprême. Quand elle fut prête, elle lança, comme un ballon d'essai, la candidature Hohenzollern : la France bondit sous cette nouvelle injure et cette nouvelle menace ; elle se croyait prête aussi ; sa cause était juste, et la guerre éclata.

C'est ici qu'il convient d'examiner l'une des causes des succès de la Prusse, son organisation militaire. Nous étudierons cette cause, en même temps que nous ferons connaître la situation de cette puissance depuis Sadowa.

CHAPITRE II.

14 août 1870.

I

La bataille de Sadowa s'est livrée le 3 juillet 1866 ; le 20 juillet,
s armées prussiennes campèrent devant Présbourg, en Hongrie, et
evant Vienne, en Autriche.

Le libéralisme autrichien, aussi lâche, ou si l'on aime mieux, aussi
eu patriote qu'il était bruyant, força le gouvernement à céder. On
oubliera jamais cette délibération du conseil municipal de Vienne,
e ces fiers bourgeois qui, après Sadowa, se pressèrent de demander
ue Vienne fût déclarée ville ouverte, afin d'échapper aux souffrances
, aux horreurs d'un siége. Ces libéraux essayaient de se montrer in-
olents devant l'Église désarmée ; le fusil à aiguille les mettait
un coup à la raison. L'empereur d'Autriche, accoutumé à reculer
evant le libéralisme et la révolution, se jeta dans les bras de la
rance, au lieu de faire appel aux énergiques populations catholiques,
ui eussent pu sauver l'empire ou au moins honorer la défaite, et
s préliminaires de Nikolsbourg préparèrent le traité de Prague. Ce
aité rejeta l'Autriche hors de l'Allemagne, permit à la Prusse de se
lacer à la tête d'une confédération qui se composait de toute l'Alle-
agne du Nord jusqu'au Mein, réserva le droit de l'Allemagne du
ud à se rallier à cette confédération ou à rester en dehors, et sti-
ula, par son article 5, qui reproduisait l'article 3 des préliminaires
e Nikolsbourg, que « les duchés de l'Elbe seraient réunis à la
Prusse, sauf les districts du nord du Slesvig dont les populations,

« librement consultées, désireraient être rétrocédées au Danemark. »
La Prusse conclut des traités de paix particuliers avec la Bavière et
les autres États du Sud, et opéra les annexions du Hanowe, de Francfort et des autres pays que nous avons déjà nommés.

Les résultats de Sadowa étaient assez beaux, pour que la Prusse
pût se contenter de ce que le traité de Prague lui donnait ou lui
laissait prendre. Mais, au moment même où elle signait ce traité,
elle s'apprêtait à le violer, et après avoir profité de la neutralité de
la France, elle allait se retourner contre elle pour lui refuser tout ce
qu'elle lui avait promis.

Le traité de Prague avait réservé l'indépendance des États allemands situés au sud du Mein : la Hesse, le Wurtemberg, Bade et la
Bavière ; la petite principauté de Liechtenstein ne doit être citée
que pour mémoire. Dès le mois d'août, le traité de Prague était
violé, sinon dans sa lettre, au moins dans son esprit, par des traités
secrets conclus avec les quatre États du Sud : le 13 août, avec le
Wurtemberg ; le 17, avec Bade ; le 22, avec la Bavière ; enfin le 3 sep-
tembre avec la Hesse-Darmstadt. Ces traités, identiques dans la forme,
portaient qu'une « alliance défensive et offensive était conclue, et
« que les hautes parties contractantes se garantissaient mutuellement
« l'intégrité de leur territoire, et s'engageaient à mettre, en cas de
« guerre, à la disposition de l'un ou de l'autre toutes les forces mili-
« taires possibles. » Dans cette éventualité, « le commandement en chef
« du contingent fourni était transmis à S. M. le roi de Prusse. » Toutes
les forces de l'Allemagne, on le voit, se trouvaient concentrées, en cas
de guerre, dans les mains du chef de la confédération du Nord ; si
l'unité politique n'était pas encore complétement accomplie, l'unité
militaire existait. Munie de ces traités, qui ne furent connus qu'au
mois de mars 1867, la Prusse prenait pied au sud du Mein ; elle alla
bientôt plus loin, en obtenant que des officiers prussiens fussent
chargés, dans la Hesse et dans le grand-duché de Bade, de l'instruction des soldats, et elle ne cessa de travailler à introduire dans le Sud
le système militaire prussien. Il y eut des résistances, qui s'accen-
tuaient de plus en plus en Bavière, lorsque la guerre, en éclatant, fit
poser le *casus fœderis*, et mit effectivement toute la force militaire
de l'Allemagne au service de la Prusse. Ce résultat seul démontre la
nécessité de la lutte dans laquelle la France est engagée.

L'article 5 du traité de Prague était plus formel que l'article rela-
tif à l'Allemagne du Sud ; il suffit de suivre la marche de la Prusse

gard de cet article pour se convaincre de la mauvaise foi et de la
que impudence de la politique des Hohenzollern.

n sait sous quels prétextes la Prusse fit la guerre au Danemark,
ransformant une question dynastique en question nationale ; elle
aîna dans la guerre l'Autriche, sa dupe, comme toujours, sa
plice, comme dans le partage de la Pologne. Le Holstein faisait
ie de la confédération germanique, le Slesvig n'en faisait point
ie ; mais l'union du Slesvig-Holstein avait été autrefois déclarée
ssoluble, et une fraction de la population du Slesvig était alle-
de. C'en était assez : la confédération germanique devait arracher
lesvig-Holstein au Danemark ; deux puissances militaires de pre-
r ordre se jetèrent sur un pays qui n'avait pas trois millions d'ha-
nts. Le Danemark devait succomber, et le traité de Vienne du
octobre 1864 partagea la proie entre les deux ravisseurs : l'Au-
he occupa le Holstein ; la Prusse, le Slesvig. La convention de
tein confirma cet arrangement, le 14 août 1865. Un an plus tard,
onfédération germanique n'existait plus, et l'Autriche avait perdu
-seulement le Holstein, mais la Vénétie. Le gouvernement français
ait contenté, dans une circulaire en date du 29 août 1865, de
mer « une pratique dont l'Europe était déshabituée ; » il avait
laré que « la violence et la conquête pervertissent la notion du
it et la conscience des peuples, » ce qui n'est que trop vrai, et il
it témoigné son indignation de voir de tels faits accomplis sans
« les populations eussent été consultées sous aucune forme. »
tait peu ; mais le principe de non-intervention s'opposait à ce
on allât plus loin, et l'expédition du Mexique occupait une partie
nos troupes à deux mille lieues de la patrie.

n 1866, Napoléon III, choisi pour médiateur entre les deux puis-
ces belligérantes, essaya de réparer le mal et montra au moins
la France n'oubliait pas son ancien et fidèle allié, le Danemark.
troisième clause des préliminaires de Nikolsbourg, l'article 5 du
ité de Prague, était formelle. On avait désespéré d'arracher aux
ffes prussiennes le Slesvig tout entier ; on essayait au moins de
ver les districts septentrionaux du duché, où l'élément scandinave
prédominant, et la Prusse était d'ailleurs mise à même de gar-
le tout, puisque la rétrocession du Nord-Slesvig dépendait du
re vote des populations et qu'il dépendait ainsi de la Prusse de
e préférer son régime à celui du Danemark.

M. de Bismark laissa inscrire la clause de rétrocession au traité ;

mais, quand la paix fut faite, quand les forces militaires de la Prusse eurent évacué la Bohême, et que la confédération du Nord eut été organisée, il se garda bien de faire honneur à la signature de son pays. Agissant absolument comme si le traité de Prague n'existait pas, il annexa purement et simplement tout le Slesvig à la Prusse, administra le duché comme un pays prussien, incorpora dans l'armée prussienne les Danois des districts septentrionaux, et poussa l'impudence et le sans-façon jusqu'à faire élire des députés de ces districts au parlement de Berlin et au parlement de la confédération du Nord.

Et les préliminaires de Nikolsbourg? et le traité de Prague? et le vote libre des populations? La diplomatie de M. de Bismark ne pouvait être embarrassée pour si peu de chose. « Je reconnais, répondit-il en substance, la force du traité de Prague, et je ne prétends pas l'éluder. Mais il faut procéder régulièrement et dans les formes. Or la France, qui n'a signé ni les préliminaires ni le traité, n'a aucun titre pour en exiger l'exécution; le Danemark n'en a pas davantage, puisque, par le traité de Vienne du 30 octobre, il a cédé tous ses droits sur le Slesvig. C'est donc une affaire à arranger entre la Prusse et l'Autriche; l'Autriche seule est en droit de demander l'exécution des clauses de Nikolsbourg et de Prague. D'ailleurs, quels sont les districts qui pourraient être rétrocédés au Danemark à la suite du vote des populations? Le traité n'en dit pas un mot. Alsen et Duppel, que la Prusse a conquis dans le nord du Slesvig, sont pour elle des points stratégiques qu'elle ne s'est point obligée à abandonner; j'ajoute que des considérations géographiques, militaires et politiques lui font un devoir de les garder : enfin, avant de consentir à une rétrocession quelconque, n'est-il pas évident que la Prusse doit recevoir des garanties sérieuses en faveur des Allemands qui habitent les districts septentrionaux? »

Il n'était pas difficile de répondre à ces sophismes, mais M. de Bismark faisait semblant de ne pas comprendre les réponses, et, se retranchant, comme dans un fort inexpugnable, dans la protection due par la Prusse à tout ce qui est allemand, il établissait cette théorie : « Supposé que parmi les habitants à rétrocéder il s'en trouvât d'Allemands déclarant bien haut qu'ils veulent rester tels, nous ne pourrions, à mon avis, faire autrement que d'assurer leur sort futur, soit en nous réservant des enclaves, soit en concluant avec le Danemark un traité international pour la scrupuleuse observation duquel nous devrions demander d'autres garanties que celles qui

otégeaient si imparfaitement jadis les Allemands du Slesvig. »
en de plus clair que ce langage : M. de Bismark consentait à
écuter l'article 5 du traité de Prague à condition que la Prusse
nserverait des enclaves à Alsen, à Duppel et à Flensborg, et qu'un
aité serait conclu avec le Danemark, qui se trouverait placé, sous
rapport militaire, dans un état de véritable dépendance; c'est-à-
re que pour exécuter un traité qui avait pour but de limiter ses
rétentions du côté du Danemark, la Prusse se préparait à étendre
es prétentions plus loin encore qu'auparavant.

L'absorption du Danemark se trouvait au bout de cette politique.
. de Bismark ne craignit pas de tenter cette nouvelle annexion, et
ouvrit avec le gouvernement danois des négociations dans ce sens.
Le patriotisme danois déjoua ces machiavéliques manœuvres. On
avait bien à Copenhague que la France avait stipulé en faveur du
anemark des conditions qui lui donnaient le moyen de recouvrer
ne partie du territoire perdu, et, si la signature de la France ne
araissait point, il n'était pas moins certain que les stipulations fa-
orables au Danemark étaient dues à l'initiative de l'empereur Na-
oléon III. Le ministre de France à Copenhague avait, le 26 juil-
et 1866, donné au cabinet danois l'avis officiel des démarches du
ouvernement français et du succès qu'elles avaient obtenues au-
rès des négociateurs de Nikolsbourg; le ministre des Affaires étran-
ères, le comte de Frijs, en avait témoigné sa reconnaissance à
empereur, et le *livre jaune* de 1867 avait rendu publique la con-
tatation de cette intervention de la France : notre pays était donc
moralement engagé envers le Danemark; les raisons de M. de Bismark n'étaient que de mauvaises raisons, et, en refusant d'exécuter
'article V du traité de Prague, le ministre prussien faisait injure à la
France et au gouvernement impérial. Aussi les Danois ne s'y trom-
pèrent-ils pas, et l'on peut dire que leur attitude fut une défaite
morale pour la Prusse, et un véritable acte d'alliance avec nous. Ils
maintinrent énergiquement le droit que leur donnait le traité de
Prague, et ne laissèrent passer aucune occasion de le rappeler. Les
Danois du Slesvig secondèrent admirablement, par leur conduite,
les réclamations de la mère-patrie, et montrèrent à toute l'Europe
que, si l'on consultait les populations, le Slesvig septentrional re-
viendrait au Danemark. Veut-on savoir si tout le nord du Slesvig
est danois au moins jusqu'à Tondern et à Flensborg, y compris
Duppel et l'île d'Alsen, que l'on consulte les élections qui ont eu

lieu le 12 février 1867. Il y avait, dans cette partie du Slesvig, à élire deux députés pour le parlement fédéral. Dans la première circonscription électorale, M. Kryger, candidat du parti danois, obtint les quatre cinquièmes des voix ; dans la deuxième circonscription, où se trouvent Alsen et Duppel, M. Ahlmann, candidat du même parti, obtint plus de voix encore, au moins les cinq sixièmes ; dans le district d'Alsen, il n'eut pas moins de 4,256 voix ; à Duppel même, sur 233 électeurs inscrits, 192 votèrent pour lui.

Quand les électeurs se prononcent ainsi, en présence de l'occupation prussienne, et que, malgré toutes les manœuvres, ils renvoient jusqu'à trois fois, soit au parlement fédéral, soit à la seconde chambre prussienne, les mêmes députés qui persistent à refuser le serment au roi de Prusse, il ne peut rester aucun doute sur leur volonté de rester Danois, et sur l'obligation où se trouve la Prusse d'exécuter le traité de Prague sur ce point. L'obligation de la Prusse est formelle : « Les populations des districts du nord du Sleswig « seront de nouveau réunies au Danemark si elles en expriment le « désir par un vote librement émis. » Que répond la Prusse par la bouche de M. de Bismark s'adressant au parlement fédéral : « Quant « à la frontière, que nous ne pouvons ni ne voulons dépasser, elle « sera marquée par l'intérêt de notre sécurité militaire. Nous ne « reconnaîtrions ni n'accorderions à aucun prix, — rien, d'ailleurs, « ne nous y oblige, — une frontière qui affaiblirait de ce côté notre « position stratégique, et pourrait nous mettre dans la nécessité de « reconquérir une fois de plus ce Duppel, qui nous a coûté tant « d'efforts et un sang si précieux. » Comme si c'était le Danemark, avec son armée de 30,000 hommes, qui pouvait menacer la Prusse, capable de mettre sur pied en quinze jours une armée de quinze cent mille hommes ! Mais il est évident que la Prusse veut garder Alsen et Duppel pour être en état d'envahir le Danemark quand le moment sera venu ; Duppel est la clef du Jutland, et il importe au ravisseur de garder cette clef qui lui ouvre la porte du légitime propriétaire qu'il veut dépouiller. Telle est la morale de la Prusse ! Telle est sa politique ! A-t-on tort de dire que la Prusse est une nation de proie ?

II

La France, qui avait déjà à se plaindre de l'inexécution du traité
e Prague en ce qui concerne le Danemark, n'allait pas tarder à avoir
es griefs plus directs.

Ici le patriotisme s'afflige des illusions qui devaient être si cruelle-
nent dissipées; c'est avec une douleur, nous ne dirons pas indignée,
nais pleine de pitié, que nous rappelons des théories et des espé-
ances qui témoigneraient d'un bien grand aveuglement, si l'on ne
evait pas les considérer comme des paroles destinées à pallier les
autes d'une politique sans prévoyance et à donner le change à nos
nnemis, que l'on était bien résolu de combattre aussitôt qu'on serait
rêt. Les licences données à la révolution italienne avaient fait faire,
n 1860, le premier pas à l'empire vers le rétablissement du régime
arlementaire; l'inaction devant la Prusse, l'une des causes de Sa-
owa, avait rendu nécessaire une marche plus accélérée, et l'on eut
a lettre du 19 février 1867 à M. Ollivier. Les paroles impériales du
4 février suivant, prononcées à l'ouverture des chambres, annon-
èrent que l'édifice de l'empire autoritaire était fortement ébranlé.
usque-là Napoléon III avait parlé avec autorité, en homme sûr
l'être approuvé par ses auditeurs; cette fois il plaidait la cause de sa
olitique, essayant de la justifier, sentant, par conséquent, qu'elle
vait besoin de justification.

« Depuis votre dernière session, dit-il en commençant son discours,
e graves événements ont surgi en Europe. Quoiqu'ils aient surpris
e monde par leur rapidité comme par l'importance de leurs résul-
ats, il semble, d'après les prévisions de l'Empereur, qu'ils dussent
atalement s'accomplir. Napoléon disait à Sainte-Hélène : « Une de
mes plus grandes pensées a été l'agglomération, la concentration
des mêmes peuples géographiques qu'ont dissous, morcelés les
révolutions et la politique. Cette agglomération arrivera tôt ou tard
par la force des choses; l'impulsion est donnée, et je ne pense
pas qu'après ma chute et la disparition de mon système, il y ait
en Europe d'autre grand équilibre possible que l'agglomération
et la confédération des grands peuples. » Les transformations qui
nt eu lieu en Allemagne préparent la réalisation de ce vaste pro-

gramme de l'union des États de l'Europe dans une seule confédération. Le spectacle des efforts tentés par les nations voisines pour rassembler leurs membres épars depuis tant de siècles ne saurait inquiéter un pays comme le nôtre, dont toutes les parties irrévocablement liées entre elles forment un corps homogène et indestructible. »

C'était un bel exorde, mais la politique de la *fatalité* ressemblait beaucoup à la politique de la faiblesse, et l'on put se demander pourquoi, si tout était ainsi pour le mieux, si la France n'avait rien à craindre, on allait lui imposer de si énormes sacrifices dans l'intérêt de sa sécurité, car on annonçait en même temps une réorganisation militaire qui devait tripler le nombre des soldats. En s'élevant plus haut, on pouvait se demander si la doctrine des grandes agglomérations était bien en rapport avec la liberté qui devait être le couronnement de l'édifice impérial. Sans doute, les peuples sont frères, et il est à désirer que le fléau des guerres disparaisse, que toutes les nations forment une immense confédération dans laquelle les différends seraient jugés par la raison, et non par la force ; mais est-ce donc avec des agglomérations fondées sur l'injustice, comme celle de l'Italie, sur la violence et sur l'usurpation, comme celle de la Prusse, qu'on arrivera au but ? Le christianisme seul pourrait résoudre le problème ; au moyen âge on avait approché de la solution : l'Europe formait alors une république chrétienne ayant un tribunal suprême, et dans laquelle la justice, la force du droit tendait de plus en plus à remplacer le droit de la force, de sorte qu'on pouvait arriver à l'union sans compromettre la liberté des individus et l'indépendance des différents peuples. Les partisans des agglomérations modernes ont conservé l'idée chrétienne, qui tend à l'unité, mais ils veulent l'appliquer en dehors du christianisme, si ce n'est contre le christianisme, et ils n'aboutissent qu'à la guerre, à la violence, à l'injustice, à la suppression de la liberté des individus et de l'indépendance des peuples. Voilà ce qui est *fatal*, car les peuples tendent à l'union ; si l'union ne se fait pas par la vérité, par la religion qui possède la vérité, elle se fait par la force, par le mépris de tous les droits, et c'est la servitude. Union dans la liberté ou dans la servitude, il n'y a pas d'autre alternative ; les faits montrent assez clairement quelle sorte d'union la Prusse peut introduire en Allemagne et quelle espèce de confédération amènerait sa prédominance en Europe.

L'Empereur poursuivit : « Nous avons assisté avec impartialité à la lutte qui s'est engagée de l'autre côté du Rhin. En présence de ce

flit, le pays avait hautement témoigné son désir d'y rester étran-
; non-seulement j'ai déféré à ce vœu, mais j'ai fait tous mes ef-
ts pour hâter la conclusion de la paix. Je n'ai pas armé un soldat
plus; je n'ai pas fait avancer un régiment, et cependant la voix de
France a eu assez d'influence pour arrêter le vainqueur aux portes
Vienne. Notre médiation a amené entre les belligérants un accord
, laissant à la Prusse le résultat de ses succès, a conservé à
utriche, sauf une province, l'intégralité de son territoire, et, par
cession de la Vénétie, complété l'indépendance italienne. Notre
ion s'est donc exercée dans des vues de justice et de conciliation;
France n'a pas tiré l'épée, parce que son honneur n'était pas en-
gé et qu'elle avait promis d'observer une stricte neutralité. »
Si la France, sans faire avancer un seul régiment, sans armer
soldat de plus, avait pu arrêter le vainqueur aux portes de
nne, que n'eût-elle pas fait en mettant une armée d'observation
le Rhin? Elle eût peut-être empêché la guerre, elle en eût cer-
nement restreint le cercle, et les différents États allemands, qui
voyaient la guerre qu'avec horreur, qui combattaient même
tre la Prusse, auraient su gré à la France de cet appui moral qui
sauvé leur indépendance. Mais il y avait l'agglomération italienne
ompléter, et l'on ne croyait pas devoir s'opposer à l'aggloméra-
n allemande.
Était-il donc possible qu'on s'aveuglât à ce point sur les consé-
ences de l'agrandissement de la Prusse? Le sentiment public n'y
ivait croire, et, se rappelant qu'on avait vu M. de Bismark à
rritz en 1865, comme on avait vu Cavour à Plombières en
58, l'on se disait que la *neutralité attentive* de la France cachait
elques grandes combinaisons qui ne tarderaient pas à se dérou-
. La France n'avait pu permettre à la Prusse de telles insolences
is avoir reçu la promesse de sérieuses compensations. Les uns
isaient à la rive gauche du Rhin, les autres à la Belgique; tous
yaient que la doctrine des grandes agglomérations allait être
liquée par la France comme elle l'avait été par la Prusse. Il faut
dire à l'honneur du gouvernement impérial : il ne paraît pas,
lgré des révélations récentes sur lesquelles nous reviendrons,
il ait voulu agir avec la rapacité dont la Prusse venait de donner
xemple; mais il paraît certain aussi que M. de Bismark avait laissé
endre qu'une rectification de frontières rendant à la France ce
elle possédait sous Louis XVI et ce qu'on lui avait laissé même

en 1814, serait consentie par la Prusse, et qu'on nous laisserait acquérir le Luxembourg désormais placé en dehors de la Confédération germanique, selon le mode accepté par le droit des gens. Mais, si M. de Bismark avait fait des promesses, son maître eut bien soin de les annuler aussitôt après la victoire, en déclarant qu'il lui était impossible de consentir à la cession à la France d'un seul pouce de terre allemande. L'affaire du Luxembourg montra quelle était la reconnaissance de la Prusse pour notre *neutralité attentive,* qui avait été même *bienveillante,* et l'on comprit pourquoi l'Empereur, malgré les louanges qu'il accordait à sa politique, et parlant « des intérêts de la grandeur du pays », avait ajouté ces mots, qui faisaient un si cruel contraste avec les félicitations précédentes : « Ces intérêts nous imposent des obligations que nous saurons remplir. La France est respectée au dehors, l'armée a montré sa valeur ; mais les conditions de la guerre étant changées, elles exigent l'augmentation de nos forces défensives, et nous devons nous organiser de manière à être invulnérables. Le projet de loi qui a été étudié avec le plus grand soin, allége le fardeau de la conscription en temps de paix, offre des ressources considérables en temps de guerre, et répartissant dans une juste mesure les charges de tous, satisfait au principe d'égalité : il a toute l'importance d'une institution, et sera, j'en suis convaincu, accepté avec patriotisme. *L'influence d'une nation dépend du nombre d'hommes qu'elle peut mettre sous les armes.* » Maxime imaginée pour la circonstance, et qui, faisant tout consister dans la force matérielle, ne saurait être admise ; mais on doit reconnaître qu'en fait elle exprime exactement la situation actuelle de l'Europe. A ce point de vue, elle est la plus amère condamnation de cette politique sans principe et antichrétienne qui ne laisse plus aucune force au droit, ou qui ne lui donne raison que s'il est en même temps le plus fort.

Cependant on ne pouvait croire que le gouvernement français eût permis à la Prusse de prendre tout à coup la tête de l'Allemagne, sans avoir obtenu d'avance des compensations. Le nom de la Belgique avait été prononcé, et l'on disait que M. de Bismark, qui se préparait à s'adjuger une si large part du bien d'autrui en Allemagne, avait offert à l'Empereur cette proie qui ne lui appartenait pas : la loyauté française repoussa cette proposition, dont l'acceptation nous aurait rendu complices de toutes les iniquités prussiennes, mais il n'y a pas de traces de l'indignation qu'elle aurait dû exciter ; il paraît

ue les hommes d'État sont tenus à n'accueillir qu'avec calme les
ropositions qui sont par elles-mêmes de véritables insultes et qu'un
onnête homme repousserait avec un soufflet. L'annexion de la Bel-
ique étant écartée par un sentiment de loyauté, nous avions le droit
e demander à la Prusse la restitution des districts qui nous avaient
té laissés en 1814, de Landau, de Saarlouis, etc., et de négocier
vec la Hollande la cession du grand-duché de Luxembourg, qui nous
 aussi autrefois appartenu. Mais on apprit bientôt que la Prusse
efusait absolument de céder aucune portion du territoire allemand,
uelque minime qu'elle fût : elle venait de faire la guerre pour
econstituer l'Allemagne, jamais l'Allemagne ne lui pardonnerait de
acrifier même un pouce de terre allemande ; il suffirait d'un tel acte
our lui faire perdre tout le fruit de ses victoires. Et elle montrait
oujours la Belgique comme une tentation, à laquelle elle eût bien
oulu nous voir succomber, car elle savait que c'était pour nous
a guerre avec l'Angleterre, et elle se proposait bien d'y prendre
art : il n'est pas nécessaire de dire qu'elle n'eût pas été notre
lliée.

Quant au Luxembourg, la question prit tout à coup de grandes
proportions. Le Luxembourg, on le sait, a été divisé en deux grandes
fractions, l'une qui appartient à la Belgique, l'autre, qui faisait
partie de la confédération germanique, mais qui appartenait au roi de
Hollande en qualité de grand-duché héréditaire. Le Luxembourg
hollandais, qu'on appelle ainsi abusivement, puisqu'il ne fait en
aucune façon partie du royaume des Pays-Bas, est un petit pays qui
égale à peine deux ou trois arrondissements français, et dont la
population ne dépasse pas 200,000 habitants ; mais, au point de vue
militaire, il avait une grande importance, à cause de la place de
Luxembourg, autrefois fortifiée par Vauban ; cette place, au pouvoir
de la France, nous donnait une position stratégique qui était alors
tournée contre nous. Obtenir régulièrement le grand-duché, c'eût
donc été un avantage matériel, en même temps qu'une victoire
morale qui avait aussi son importance. La question était d'ailleurs
fort simple, au point de vue du droit strict : le Luxembourg, qui
faisait partie de la confédération germanique en vertu des traités
de 1815, cessait naturellement d'en faire partie depuis la dissolution
de la confédération ; il restait donc indépendant sous la souveraineté
de son grand-duc. En vertu du droit ancien, si le grand-duc le
cédait à la France, tout serait parfaitement régulier ; en vertu du

droit nouveau, si les populations votaient l'annexion, il n'y aurait plus rien à dire.

Mais cette situation, si simple en apparence, se compliquait quand on y regardait de plus près, car : 1° les populations du Luxembourg parlent allemand, et alors apparaît le principe des nationalités, si maladroitement admis par la France en Italie, et que M. de Bismark ne pouvait manquer de retourner contre elle; 2° un traité de 1839, auquel était apposée la signature des grandes puissances, donnait à la Prusse le droit de garnison dans la place de Luxembourg, et la Prusse ne pouvait renoncer à ce droit sans paraître reculer, ce qu'elle n'était guère disposée à faire. On répondait bien à la première raison que, si l'on faisait attention à la langue, la Prusse devait rendre la partie de la Pologne qu'elle a enlevée et revendiquer aussitôt l'Alsace et une partie de la Lorraine; à la seconde, que le traité de 1839 supposait l'existence de la confédération germanique, et par conséquent ne stipulait pour Luxembourg qu'en sa qualité de forteresse fédérale; mais M. de Bismark montrait le sentiment allemand surexcité, et tout en faisant un grand étalage de modération, de courtoisie et de bonne volonté, se retranchait derrière les grandes puissances.

Le 1ᵉʳ avril 1867, le jour même de l'ouverture de l'Exposition universelle, et onze jours après avoir divulgué les traités secrets conclus avec les États du sud de l'Allemagne, M. de Bismark jugea qu'il était temps de démasquer ses batteries. A son instigation, l'on n'en saurait douter, soixante-dix députés du Reichstag (on sait que c'est le nom allemand du parlement du Nord) adressèrent ces deux questions au comte de Bismark, en sa qualité de chancelier fédéral : 1° Le gouvernement prussien sait-il si les bruits qui se produisent chaque jour avec plus de force sur des négociations entre les gouvernements de France et des Pays-Bas, sont fondés? 2° Le gouvernement prussien est-il en état de déclarer au Reichstag que, d'accord avec ses confédérés, il est résolu d'assurer d'une manière durable, à tout risque, la liaison du grand-duché de Luxembourg avec le reste de l'Allemagne, et, en particulier, le droit de la Prusse de tenir garnison dans la forteresse de Luxembourg?

M. de Bennigsen, membre du parti libéral, développa ces deux questions dans un langage très-allemand et peu favorable à la politique française, quoique avec des formes respectueuses pour une puissance que la Prusse tenait encore à ménager. Son discours, accueilli

par des bravos enthousiastes et prolongés, ne pouvait déplaire au comte de Bismark, qui répondit d'une façon très-adroite : Que le grand-duché de Luxembourg n'était pas membre de la confédération nouvelle; que le grand-duc en était le souverain au même titre qu'il était le souverain dans le royaume de Hollande; qu'il fallait ménager, « naturellement dans la limite où l'honneur le comportait, » la susceptibilité de la nation française. En résumé, il reconnaissait que des pourpalers existaient, et que le gouvernement prussien « laissait au roi de Hollande la responsabilité de ses propres actes ; » il dit en terminant : « Les gouvernements confédérés croient qu'au-
« cune puissance étrangère ne portera préjudice à des droits incon-
« testables d'États allemands et de peuples allemands ; ils espèrent
« être en position de sauvegarder et de protéger ces droits par la
« voie des négociations pacifiques, et sans compromettre les relations
« amicales dans les quelles l'Allemagne se trouve jusqu'ici avec ses
« voisins, à la satisfaction des gouvernements confédérés. Vous pou-
« vez vous livrer à cet espoir avec une assurance plus grande encore,
« s'il arrive souvent, comme vient de le faire, à ma joie, l'interpel-
« lant, que nous prouvions par nos délibérations la confiance
« inébranlable, la liaison indestructible du peuple allemand et de
« ses gouvernements, et de ses gouvernements entre eux. »

Des bravos prolongés accueillirent ce discours ; le *Moniteur du soir*, qui était alors l'un des deux organes officiels du gouvernement français, feignit de n'être pas mécontent de cette manifestation ; mais le *Constitutionnel*, qui a toujours eu un caractère plus ou moins officieux, publia un article aigre-doux dans lequel il déclarait que la Prusse serait mal venue, après de si longues annexions faites à son profit, de s'opposer à un si mince accroissement de territoire, surtout lorsque ce territoire était cédé par le souverain, du consentement de son peuple, et qu'il n'appartenait pas à l'Allemagne.

On peut se le rappeler : l'effet produit dans le public fut si vif, que le 3 p. 100 baissa de près de 2 francs à la Bourse de Paris, et que, le 6 avril, le ministre de l'intérieur dut télégraphier aux préfets des départements pour déclarer « dénué de tout fondement » le bruit qui courait qu'un *ultimatum* venait d'être adressé par la France à la Prusse. Tout le monde croyait à la guerre; le sentiment national la regardait comme inévitable. Mais, quoique la situation fût excessivement tendue, la guerre fut ajournée. On a su plus tard que deux raisons avaient poussé le gouvernement français à se montrer patient : d'abord, il désirait ne pas compromettre le succès de l'Exposition universelle ; ensuite, il n'était pas prêt. La Prusse ne l'était pas davantage ; elle avait besoin de quelques années pour affermir la nouvelle confédération ; M. de Bismark ne voulait pas compromettre, par trop de précipitation, les immenses succès de 1866.

Toute l'Europe était attentive ; il n'est pas inutile, pour comprendre la situation actuelle, de se rendre bien compte des escarmouches diplomatiques de 1867.

La Hollande entendait garder une neutralité absolue, et le gouvernement néerlandais avait déclaré que le roi de Hollande n'avait rien à voir à ce que faisait le grand-duc de Luxembourg, qui était parfaitement libre, si cela lui convenait, de céder le duché ; la Hollande entendait donc rester à l'écart, et le cabinet de la Haye déclarait qu'il ne se mêlerait à l'avenir, ni officiellement ni officieusement, des affaires du Luxembourg. D'un autre côté, le 5 avril, dans la chambre des communes, lord Stanley, répondant à sir Robert Peel, avait présenté ainsi l'état de la question : La Prusse, en apprenant l'existence des négociations, était entrée en relations avec les puissances signataires du traité de 1839, entre autres avec l'Angleterre. Dans la communication adressée à l'Angleterre, le cabinet de Berlin la priait d'essayer de dissuader le roi de Hollande de la cession, et lui demandait comment elle interprétait la garantie contenue dans le traité de 1839. Le gouvernement anglais avait répondu que la cession ne pouvait se faire que de l'accord de tous les signataires du traité. Lord Stanley n'avait pas négligé cependant d'exprimer le doute que la garantie fût applicable à la circonstance actuelle ; car le but du traité était de garantir les intérêts du roi de Hollande comme grand-duc de Luxembourg et de maintenir l'intégrité de son territoire ; mais, si le roi voulait céder ce territoire, il était clair que ses intérêts n'étaient plus en question. La question existerait seulement entre l'Allemagne et la France. Lord Stanley ajoutait enfin que, comme la transaction dépendait de l'assentiment de la Prusse, il croyait qu'elle n'aboutirait pas, car il doutait fort que la Prusse donnât son consentement ; il venait d'ailleurs de recevoir du représentant de la Hollande l'avis que les négociations avaient cessé. En rapprochant de ces paroles celles que le ministre de la guerre prussien faisait entendre, presque en même temps, au Reichstag, pour repousser les amendements qui pouvaient affaiblir l'armée, on peut

faire une idée complète de la situation : « Dans l'état du pied de
paix proposé par le gouvernement, dit M. de Roon, il n'y a pas
un homme de trop. Il est vrai que la nation a plus d'hommes sous
les armes qu'il n'est désirable dans l'intérêt d'un développement
libre et pacifique. Mais, dans la situation actuelle de l'Europe,
on ne saurait réduire les forces militaires de la nation, et cela ne
serait guère possible, lors même que la situation changerait. »

Ces paroles n'avaient rien qui pût calmer l'opinion surexcitée et
inquiète. On recherchait quel était le gouvernement qui avait fait
naître la redoutable question d'où dépendait la paix ou la guerre.
Les uns nommaient la France, les autres la Hollande, qui aurait,
disait-on, fait les premières propositions afin de s'assurer un puissant allié contre les convoitises de la Prusse. Le 8 avril, le gouvernement français s'expliqua d'une manière formelle par la bouche du
ministre des affaires étrangères, M. de Moustier, qui fit cette déclaration au Corps législatif et au Sénat :

« Messieurs, l'Empereur m'a donné l'ordre de vous faire connaître les
circonstances au milieu desquelles est née la question du grand-duché
de Luxembourg et la situation actuelle de cette affaire. Le gouvernement français, dominé par la conviction profonde que les intérêts
véritables et permanents de la France sont dans la conservation de la
paix de l'Europe, n'apporte dans ses relations internationales que
des pensées d'apaisement. Aussi n'a-t-il pas soulevé spontanément
la question du grand-duché. La position indécise du Limbourg et
du Luxembourg a déterminé une communication du cabinet de la
Haye au gouvernement français. Les deux souverains ont été appelés
ainsi à échanger leurs vues sur la possession du Luxembourg. Ces
pourparlers, d'ailleurs, n'avaient pris encore aucun caractère officiel,
lorsque, consulté par le roi des Pays-Bas sur ses dispositions, le cabinet de Berlin a invoqué les stipulations du traité de 1839.

« Fidèles aux principes qui ont constamment dirigé notre politique, nous n'avons jamais compris la possibilité de cette acquisition
de territoire que sous trois conditions : le consentement libre du
grand-duché du Luxembourg; l'examen loyal des intérêts des
grandes puissances; le vœu des populations manifesté par le suffrage
universel. Nous sommes donc disposés à examiner de concert avec les
autres cabinets de l'Europe, les clauses du traité de 1839. Nous ap-
porterons dans cet examen le plus entier esprit de conciliation, et

nous croyons fermement que la paix de l'Europe ne saurait être troublée par cet incident. »

Cette déclaration était formelle, et il paraît, en effet, que les premières ouvertures directes étaient venues du grand-duc. Au reste, si elle avait pour but de rassurer l'opinion et d'arrêter la baisse désastreuse des fonds publics, elle ne réussit pas du tout. On s'attendit plus que jamais à une guerre prochaine. On parlait de préparatifs immenses. On voyait, en France, le gouvernement prendre d'énergiques mesures. La taxe de l'exonération du service militaire était portée à 3,000 francs ; on travaillait fiévreusement à la fabrication des fusils Chassepot ; on parlait de l'invention d'un nouveau canon d'un très-facile transport, et destiné à produire des effets foudroyants ; on voyait régner la plus grande activité au ministère de la guerre, l'atmosphère sentait la poudre. Les esprits s'échauffaient. M. de Bismark, habile à manipuler l'opinion publique, provoquait en Allemagne des manifestations très-hostiles à la France ; la presse allemande retentissait de cris de guerre et de fanfaronnades agaçantes, et la presse française commençait à y répondre, même la presse officieuse. Le 25 avril, on lisait dans le *Constitutionnel*, sous une signature qui masquait souvent les communications gouvernementales (1), un article dans lequel il était difficile de voir autre chose qu'un de ces appels à l'opinion qui précèdent les grandes résolutions.

« Le gouvernement français, disait le journal officieux, a cru sincèrement qu'après les immenses succès et les accroissements de territoire obtenus par la Prusse, *celle-ci tiendrait à honneur de montrer de la modération et des égards pour les droits et les intérêts de ses voisins.* Tout, dans l'attitude et le langage du cabinet de Berlin, le confirmait dans cette pensée, et il a toujours considéré le règlement de la question du Luxembourg comme une occasion qui s'offrait naturellement à la Prusse de faire vis-à-vis de la France *acte de bon voisinage et de cordialité.* Nous ne savons ce que l'on pense aujourd'hui à Berlin, *ni par quels mobiles on s'y laisse diriger ;* nous ignorons les motifs qui avaient amené un changement dans les sentiments qu'on y manifestait, mais ce que nous savons, c'est que le gouvernement français n'a jamais vu, dans un règlement de cette question conforme aux intérêts de la France et au vœu des populations qu'un gage de paix et de paix durable. Jamais, au surplus, le gouverne-

(1) M. Paulin de Limayrac.

ment français n'a pensé que l'intérêt de la France pût être, dans aucun cas, *de maintenir une garnison dans un pays indépendant, appartenant à un souverain étranger et ne faisant pas partie de l'État fédératif du nord de l'Allemagne.* Jamais il n'a pensé que l'Allemagne pourrait revendiquer *même des droits de communauté d'origine* avec un petit pays dont la population, de l'aveu du premier ministre lui-même du roi de Prusse, a la plus profonde répugnance pour l'Allemagne, et voterait avec enthousiasme sa réunion à la France si l'on daignait la consulter. Aujourd'hui le gouvernement de l'Empereur ne cherche pas à faire sortir la guerre d'une question où, nous ne nous lasserons pas de le répéter, il ne voyait qu'un gage de paix. *La France n'est animée d'aucune ambition, elle a mis de côté toute prétention personnelle.* La question du Luxembourg est devenue une question européenne, et même, dans cette nouvelle phase, la France se tient à l'écart, pour ne pas gêner l'action pacifique des puissances et pour ne pas engager les amours-propres. Est-il une conduite plus désintéressée, plus rassurante pour tous, plus dégagée d'arrière-pensée, et surtout d'arrière-pensée de guerre? La France, sans craindre la guerre, — si, ce qu'à Dieu ne plaise, elle se trouvait injustement provoquée, — veut la paix, et tient à ce qu'aucun doute ne puisse planer sur ses intentions. »

La presse prussienne répondit avec aigreur à l'article du *Constitutionnel*, et l'explosion parut imminente. Ce fut alors que les puissances désintéressées jugèrent qu'il était à propos d'intervenir plus sérieusement, et d'exercer une pression plus forte dans le sens de la paix. La Prusse travaillait à se créer des alliances. Elle avait fait sonder l'Autriche par un conseiller bavarois, M. de Taufkirchen, tout dévoué à sa politique; elle avait même essayé de séduire le Danemark en lui montrant en perspective la restitution prochaine de la partie septentrionale du Slesvig. Mais l'Autriche, qui se défiait sans doute encore un peu de la France, trouva fort singulière la prétention de la faire concourir à la défense d'une Allemagne d'où on l'avait exclue, et elle déclina les offres de M. de Taufkirchen; le Danemark répondit par l'article 5 du traité de Prague, qui impose à la Prusse l'obligation de consulter les vœux des populations du Nord-Slesvig. La Prusse pouvait bien compter sur l'appui de la Russie mais cette puissance, ne trouvant pas encore la question d'Orient assez mûre, voulait retarder l'explosion. D'un autre côté, pendant que l'isolement politique de la Prusse semblait s'opérer, la France, d'abord isolée, commençait à gagner du terrain, grâce à sa modération. La Belgique, rassurée, ne lui était pas hostile; la Hollande avait besoin d'elle; le Danemark se tournait vers elle; le nouveau ministère de Florence pouvait faire compter sur une alliance franco-italienne; l'Angleterre donnait raison à la France. tout en restant neutre; enfin, tout le monde commençait à croire que la guerre ne prendrait pas l'empereur Napoléon aussi au dépourvu qu'on avait pu le penser.

Dans cette situation, la Prusse commença à réfléchir, et les trois grandes puissances, l'Autriche la première, puis l'Angleterre, puis la Russie, profitèrent très-habilement des déclarations pacifiques faites par les deux parties adverses pour préparer la réunion d'une conférence. Puisque vous voulez la paix et que vous voulez vous en rapporter à la décision de l'Europe, dit-on à la Prusse, vous ne pouvez refuser de négocier. Le gouvernement impérial, reconnaissant peut-être qu'il s'était trop avancé, avait déjà déclaré, comme on vient de le voir par l'article du *Constitutionnel*, « que la France avait « mis de côté toute prétention pour elle, et que la question du « Luxembourg était une question européenne. » Cette manœuvre très-adroite lui permettait donc d'accepter une conférence sans avoir trop l'air de reculer. La Prusse se serait donné tous les torts en rejetant la proposition d'une conférence : elle accepta.

Une conférence se réunit à Londres le 7 mai. La convocation en fut faite par le roi de Hollande, grand-duc de Luxembourg, comme étant le principal intéressé. Les réunions furent présidées par lord Stanley, ministre des affaires étrangères d'Angleterre. Les ambassadeurs des puissances qui y prenaient part en étaient les membres. Ces puissances étaient au nombre de huit : l'Angleterre, la France, l'Autriche, la Prusse, la Russie. la Hollande, la Belgique et l'Italie; les cinq premières, en leur qualité de grandes puissances garantes des traités de 1839, qui reconnaissaient à la Prusse le droit de garnison dans la forteresse de Luxembourg; la Hollande, comme intéressée par son roi, grand-duc de Luxembourg; la Belgique, parce qu'il avait été question d'y annexer le pays en litige; l'Italie, parce que, disait-on, il était juste de la récompenser des démarches loyales qu'elle avait faites en faveur de la paix.

Les délibérations marchèrent très-vite, et, le 11 mai, le traité qui réglait la situation du grand-duché de Luxembourg fut signé par les plénipotentiaires. Les principales dispositions de ce traité étaient :

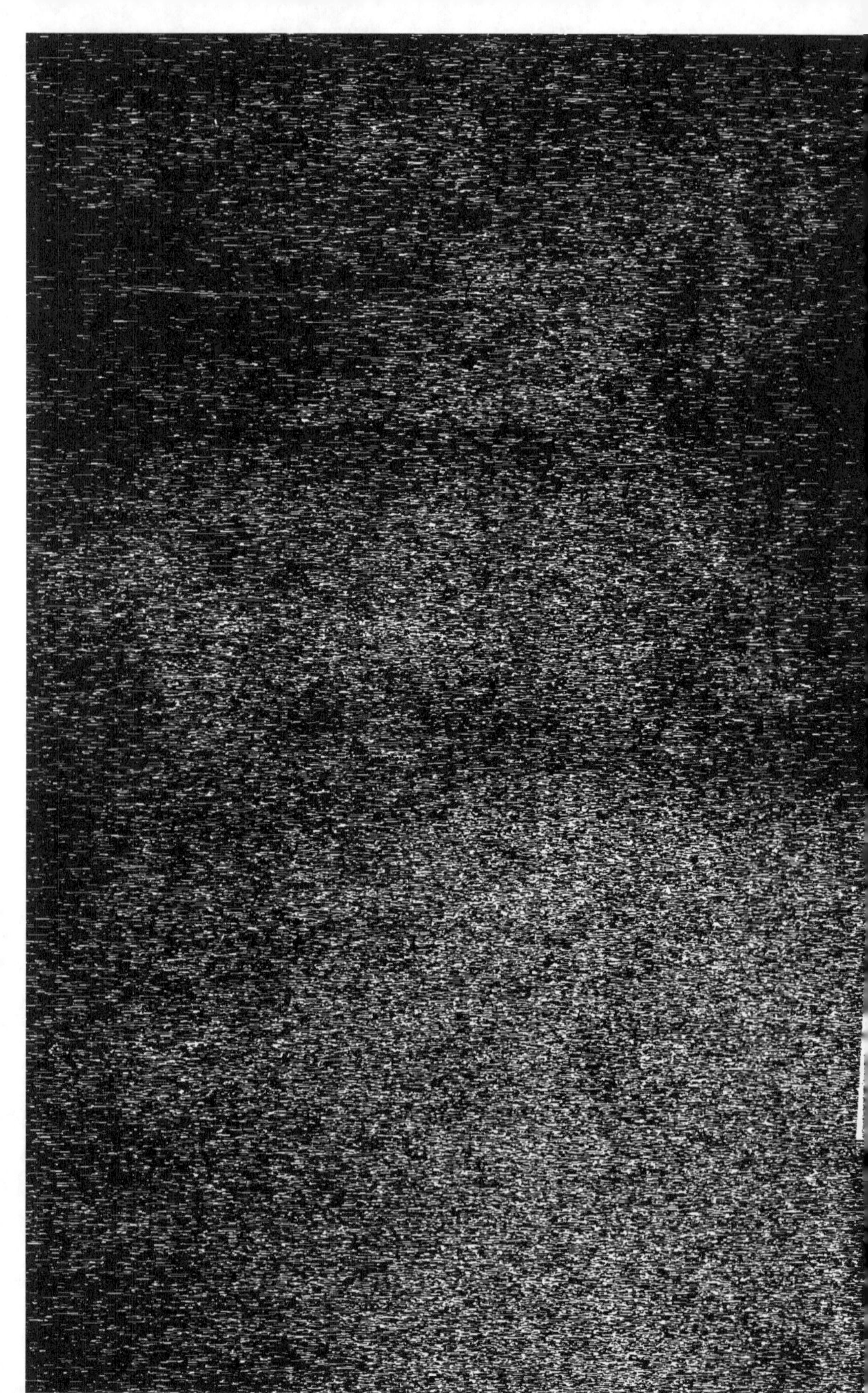